Gerald Sammet

Der unsinkbare Kater

Neun Katzenleben

: TRANSIT

© 2012 by :TRANSIT Buchverlag
Postfach 121111 | 10605 Berlin
www.transit-verlag.de

Umschlaggestaltung und Layout:
Gudrun Fröba, Berlin
Druck und Bindung:
Pustet Regensburg
ISBN 978-3-88747-281-8

INHALT

SAM
WIE ICH DEN KRIEG GEWANN

ERSTE STATION: BISMARCK

Einfach nicht zu fassen ist dieses Prachtstück von einem Kater mit dem
Status einer Legende. Dieser in jeder Hinsicht vorbildliche Überlebenskünstler, den nichts umhaut und der nie untergeht, schon gar nicht mit
einem Schiff. Der, seemännisch umschrieben, immer mit einer Hand-
breit Wasser unter dem Hintern nach jedem noch so bitteren Ende doch
wieder Land gewinnt. Und den man deswegen feiert wie keinen anderen
seiner Gattung vor ihm.

In deutschen Archiven findet sich nichts. Kein Rolleneintrag, keine Notiz zu seiner Anwesenheit, kein Beleg zu irgendwelchen diszipli-
narischen Maßnahmen, denen sich sein ebenfalls namenlos gebliebener
Halter ausgesetzt sah. Möglicherweise ist das alles ja mit dem Schiff, auf
dem er anheuern musste, im Atlantik versunken. Selbst der Versuch, das
Kriegstagebuch der BISMARCK vor deren Untergang an ein deutsches
U-Boot zu übergeben, schlug fehl. Was war und blieb, nach Triumph
und Verlust des Schiffs, ist diese eine, seine Katzengeschichte.

Ein Matrose, ein junger Kriegsfreiwilliger, hat ihn angeblich auf die
BISMARCK geschmuggelt. Dafür spricht, dass ahnungslose Freiwillige,

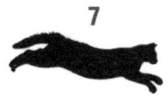

vor allem aus dem Süden Deutschlands, einen beträchtlichen Anteil der Besatzung des Schlachtschiffs ausmachten. Noch nicht Seeleute, aber vielleicht schon mit dem auf See gehegten Brauchtum vertraut. Aberglaube ist auf Schiffen so weit verbreitet wie an Land Seemannslatein. Ein Maskottchen leistet da gute Dienste.

Tatsächlich sind etliche der Schiffskatzen auf Kriegsschiffen im 20. Jahrhundert nicht im handfesten Sinn Nutztiere, Ratten- und Mäusefänger vor allem, sondern auf eher spirituelle Weise Glücksbringer gewesen. Nirgends lässt sich das schöner anschauen als auf einer Aufnahme, die sich von der Bordkatze des britischen Flugzeugträgers EAGLE erhalten hat. Ein wahres Glückskätzchen wiegt sich dort federleicht in einer eigens vom Segelmacher des Schiffs geschneiderten Hängematte, auf einem das Wohlbefinden des Tiers fast schon übermäßig steigernden Kissen. Wir befinden uns mitten im Krieg. Das Verlangen nach ein bisschen Frieden inmitten all dem Schlachtenlärm trägt jeder mit sich herum. Wenn man es mit der Ruhe, die Katzen nur für sich haben, schon nicht aufnehmen kann, schaut man sich wenigstens an, wie die das machen.

Die BISMARCK, Schlachtschiff, Länge über alles 250,5, Breite 30, Tiefgang 9,90 Meter, 2092 Mann Stammbesatzung, Kapitän Ernst Lindemann, ist kein gemütlicher Ort. Nirgends, von den Refugien der Offiziere abgesehen, Raum für ein halbwegs eigenes Leben. Ob blauäugig oder verwegen, den Gedanken, seine Existenz mit einer Katze an Bord eines Panzerschiffs zu teilen, kann nur einer gehabt haben, der von den dortigen Lebens- und Kampfbedingungen nichts ahnte. Ein Schwarmgeist vielleicht, Romantiker oder noch ein halbes Kind mit seiner Sehnsucht nach Anhänglichkeit. Dem Kameraden Kater, darf man vermuten, war das egal. Er hatte sich den Ort des Schlamassels, an dem er feststeckte, nicht aussuchen können. Was, außer entschieden nach vorn schauen, sollte er tun?

Katzen haben eine Schwäche für labyrinthisches Natur- wie Menschenwerk. Es bietet Schutz- und Rückzugsräume, bleibt dabei aber offen für Streifzüge, narrt die Beute, auf die man aus ist und erlaubt es ihnen, sie dorthin zu verschleppen, wo die Jagd enden muss. So viel und so wenig hat ein Schlachtschiff einer Katze zu bieten. Sie ist ja auf ihre Weise durchaus kriegerisch, ohne allerdings auch nur einen Gedanken daran zu verschwenden, dass man diesem Handwerk ausgerechnet auf See nachgehen sollte.

Die andere, für ein Katzenleben eher nachteilige Seite eines Schlachtschiffs liegt darin, dass es sich dabei um eine Mordmaschinerie handelt. Weit vor dem Brüllen der Geschütze zerstören Maschinenlärm, der pfeifende Durchzug aus Luftkanälen oder beim Öffnen eines Schotts, die polternden Stiefelschritte von den Niedergängen und das Ächzen und Klirren der Einbauten im Rhythmus des schwingenden Rumpfs das empfindsame Wahrnehmungsvermögen. Ausgerechnet die für eine Katze interessanteste Sektion der BISMARCK, das Proviantdeck, befand sich unter den vorderen Geschütztürmen Anton und Berta. Jede von dort abgefeuerte Salve machte einen Aufenthalt in diesem ureigenen Jagdgebiet eines Schiffskaters unerträglich.

Weil Katzen sich mehr für das eigene Leben und nicht im Geringsten für Militärgeschichte interessieren, sei, was sich zwischen dem Auslaufen des Schlachtschiffs am Morgen des 19. Mai 1941 und seinem Untergang am Nachmittag des 27. Mai 1941 abspielte, in aller Kürze erzählt. Die BISMARCK verlässt Gotenhafen, heute besser als Gdynia oder Gdingen bekannt, stößt, mit dem schweren Kreuzer PRINZ EUGEN an ihrer Seite, nach Norwegen vor, passiert die Nordküste von Island und dreht ab in die Dänemarkstraße zwischen Island und Grönland. Das Ziel: Britische Geleitzüge auf dem Weg von Kanada ins Vereinigte Königreich.

Am 24. Mai fällt ihr das Schlachtschiff HOOD, der Stolz der Royal Navy, zum Opfer. Am 26. Mai erhält die BISMARCK durch vom Flugzeugträger ARK ROYAL aufgestiegene Swordfish-Maschinen einen Treffer, der die Ruderanlage blockiert. Am Tag danach vernichtet eine britische Kampfgruppe das manövrierunfähige Schiff. Dabei dürfte vor allem ein Ereignis das Interesse ihrer Bordkatze geweckt haben: dass es der Besatzung am frühen Morgen des 27. Mai, ein Hinweis auf das sichere Ende, vom Kommandanten freigestellt worden war, die Vorratskammern zu plündern.

Um 10.39 Uhr sinkt das Schiff. Nur wenige können sich retten…

ZWEITE STATION: HMS COSSACK

»Einige Stunden später kreuzt der Zerstörer COSSACK (Capt. Vian) dieses Gewässer auf seiner Heimfahrt. Da entdeckt einer der Seeleute zwischen Trümmern und Leichen eine auf dem Brett schwimmende Katze. Der Zerstörer stoppt, und man holt das vor Kälte zitternde, triefend nasse Tier an Bord. Der Kater bekommt den Namen OSCAR, und so beginnt das Maskottchen des Schlachtschiffs BISMARCK seine Karriere bei der Royal Navy.« (Janusz Piekalkiewicz)

Stirnrunzeln ist nichts, worauf sich Katzen verstehen. Oscar ahnt ja auch noch nichts von der Karriere, die vor ihm liegt. Aus dem Höllenfeuer ins von Öl und Trümmern übersäte Wasser gestoßen und jetzt schon wieder auf einem Schiff, das ist erst einmal alles, worum seine Gedanken kreisen. Die plötzliche Abwesenheit von Ratten und Mäusen auf der BISMARCK vielleicht noch, dieses doch untrügliche Zeichen, dass alles bald vorbei sein würde. Vorausgesetzt, was auch nicht als gesichert gelten darf, dass sich Katzen auf untrügliche Zeichen verstehen. Illusionen dagegen, so viel weiß man von ihnen, sind ihnen fremd. Planken, wie die vom Teakdeck der BISMARCK, an die der Kater sich klammerte, geben fürs Überleben einfach mehr her.

Nicht bekannt ist auch, ob Captain Philip Vian dem Neuzugang, einem Überläufer, den Fahneneid abverlangte. Denkbar wäre auch das. Es gibt ja so einiges an Skurrilitäten und verquerem Brauchtum auf britischen Schiffen. In jedem Fall versah Oscar auf der COSSACK seinen Dienst dort nicht nur als Maskottchen. Unter Deck mit ihm, so sah es dann aus. Auf der COSSACK waren ja alle Ratten und Mäuse noch da und die Provianträume voll.

Gemessen am Volumen der BISMARCK ist die COSSACK ein winziges Schiff. Leichter zu durchmessen, mit gerade einmal 190 Mann Besatzung und, weil schmal und schnittig, bei Seegang selbst für einen Kater schwer zu ertragen. Denkbar ist schon, dass er das äußerst verhaltene Schwanken der BISMARCK erinnert, diese die Zielgenauigkeit der Artillerie begünstigende, fast behäbig anmutende Bewegung, von der man deswegen keine richtigen Seebeine kriegt. Oscar, mit seinen vier, hat auf der COSSACK damit schon seine Not. Gut, dass sie, nach der Sache mit der BISMARCK, ins ruhigere Mittelmeer abdreht.

So kommt es, dass eine aus Deutschland stammende Katze, in Gotenhafen an Bord eines Schlachtschiffs geschmuggelt, im Sommer 1941 der Säulen des Herkules ansichtig wird. Gleich hinter dieser Passage liegt Gibraltar, britische Kronkolonie, von deren Bedeutung für sein weiteres Fortkommen der Kater nichts ahnt. Er erlegt ja nur die Mäuse und gibt den Ratten zu verstehen, dass er sie nicht in seiner Reichweite duldet. Manchmal herzen die Seeleute ihn oder spendieren Leckerbissen aus den Beständen, die er so bravourös verteidigt. Unter Deck scheuchen muss man ihn dafür nicht. Vom Anblick von Wasser hat er genug.

Einen ganzen, von Tagesroutine beherrschten Sommer lang geht alles gut. Das Mittelmeer bietet auch Katzen einen angenehmen Aufenthalt. Dann kommt, im Herbst 1941, der bis dahin unbehelligt gebliebene Geleitzug HOME GIBRALTAR 75 in Sicht. U 563, ein deutsches U-Boot, liegt seinetwegen schon auf der Lauer. Aus der Sehrohrtiefe identifiziert der Kommandant, Klaus Bargsten, am 23. Oktober einen ihm unbekannten Zerstö-

rer. Auf einen Torpedofächer folgt eine Detonation. Bargsten glaubt, er habe ein Frachtschiff getroffen. Tatsächlich handelt es sich um die COSSACK, auf der 159 Seeleute nach einer Explosion im Vorschiff ihr Leben verlieren.

Der Untergang, der sich auch für Oscar anschließt, folgt aber einer anderen Regie als der beim Ende der BISMARCK. Die COSSACK, schwer beschädigt zwar, bleibt vorerst stabil. Es gelingt der verbliebenen Besatzung, die Maschinen wieder in Gang zu setzen und Kurs auf Gibraltar zu nehmen. Jedoch, nach einer halben Nacht und einem Tag, geht sie unspektakulär unter. Die Überlebenden werden vom Zerstörer HMS LEGION geborgen. Einer von ihnen, mit nichts als einem Stück Holz unter den Pfoten, kann sein Glück schon wieder fassen: Oscar, der durchnässt und ölverschmiert am Abend des 24. Oktober, kaum geborgen und zur Ruhe gelangt, die Amtsräume des Hafenmeisters von Gibraltar erkundet.

DRITTE STATION: HMS ARK ROYAL

Da war doch, wir erinnern uns, ein Schiff, das sich schon einmal in diese Geschichte eingemischt hatte? Tatsächlich, die ARK ROYAL, als Flugzeugträger bereits ein wenig betagt, mit diesen Swordfish-Doppeldeckern unter Deck, die jeden, der sie sich anschaut, eher an den Ersten als an den Zweiten Weltkrieg erinnern. Und doch hat, kein halbes Jahr liegt das zurück, eine dieser konstruktiv betagten, aber wegen ihrer Wendigkeit schwer abzuschüttelnden Maschinen, für deren Abwehr man, wie die Artilleristen behaupten, eigentlich eine Fliegenklatsche bräuchte und keine Flak, dem größten und modernsten Schlachtschiff dieser Jahre, der BISMARCK, den Fangschuss gegeben. Was auf der ARK ROYAL gerade fehlt: eine weitere Bordkatze, als Unterstützer im Tagesgeschäft. Der Flugzeugträger liegt vor Gibraltar auf Reede. Der Hafenmeister hilft gern. Ein Boot setzt Oscar über.

Auf den langen, erst atlantischen, dann mediterranen Sommer folgt ein sehr kurzer Herbst. Die ARK ROYAL, inzwischen östlich ins Mittelmeer abgelaufen, operiert vor Malta, als dort am 13. November 1941 das deutsche U-Boot U 81 aufkreuzt. Der Kommandant, Oberleutnant zur See Friedrich Guggenberger, lässt vier Torpedos auf den Träger abfeuern. Einer von ihnen trifft das Schiff mittschiffs direkt unter den Aufbauten, die seitlich über das Flugdeck aufragen. Schon nach wenigen Minuten neigt es sich mit einer Schlagseite von zehn Grad und scheint nicht zu retten. In Sicht und Reichweite: der Zerstörer HMS LEGION mit seiner, was Bergungen angeht, mittlerweile versierten Besatzung.

»Sobald die LEGION ihre Position auf der Steuerbordseite eingenommen hatte, begann die Evakuierung. Die meisten der Ark Royals trugen nichts bei sich, von den Kleidern abgesehen, in denen sie gerade steckten, aber einige hatten ein paar spezielle Schätze zusammengerafft. Aus den Taschen eines Unteroffiziers quollen Seidenstrümpfe – Präsente für seine Frau. Eine der Schiffskatzen, ein riesiger gelber Kater, landete in den Armen eines Royal Marines.« (William Jameson)

Ginger Tom, der falsche, ein Fehlfarbenkater. Der richtige, schwarz mit weißem Kragen, befindet sich vorerst noch an Bord. Er hat, einmal mehr, dieses leise, zunächst von keiner Gefahr zeugende Zittern gespürt, das auf einen Torpedotreffer folgt, ohne dass sich gleich ermessen ließe, welche Folgen sich daraus ergeben.

Ihm ist, wegen der bedenklichen Krängung, nicht ganz wohl zumute. Weshalb sollte es, bei einschlafendem westlichen Wind und entsprechender See, zu einer derartigen Schräglage kommen? Kein Inferno, wie auf der BISMARCK. Kein Höllenschlag, wie er ihn auf der COSSACK hatte einstecken müssen. Nur das Trampeln vieler menschlicher Füße und Geschrei drinnen wie draußen, und, wäre er jetzt an Deck gegangen, vor ihm die vertraute Silhouette der LEGION, seines Rettungsschiffs schlechthin, aber das sollte sich erst noch zeigen.

Der Treffer, steuerbords unter der Wasserlinie, hat die Eingeweide des Schiffs beträchtlich verwüstet. Wasser dringt ungehemmt ein. Rauch zieht durch die Luftschächte nach oben. Die Stahldecks liegen frei wie verbogenes Blech. So gesehen ist ein ganz normaler Schiffsuntergang zu erwarten. Die ARK ROYAL, ein weiterer verlorener Spielstein aus dem Puzzle der Seekriegsgeschichte. Für Helden, wenigstens das, gibt diese Havarie nicht viel her.

Für die Routiniers an Bord aber schon. In den Kesseln fehlt das Wasser, in den Brennern das Öl. Die Lichter gehen aus. Die Notbeleuchtung gibt auf. Zwischen der Brücke, inzwischen geräumt, und dem Maschinenraum, verqualmt und von quälender Hitze durchzogen, existiert keine Verbindung. Sie hantieren dort mit Taschenlampen, tasten sich von einer Notlösung zur nächsten. Das Schiff ist noch nicht unten. Es liegt nur ungünstig, so sehen sie das. Irgendwo streift oder humpelt noch ein Kater, entschieden wie eh und je, durch diese unentschiedenen Verhältnisse. Er kennt das ja schon, gibt sich gelassen. Es schaut ihm sowieso keiner zu.

Als sie, vom Zerstörer HMS LAFOREY, über eigens gelegte Leitungen noch einmal Öl und Frischwasser erhalten, scheint die Rettung möglich. Einen einzigen Mann hat die ARK ROYAL bis dahin verloren, und dabei wird es bleiben. Ein Schlepper aus Gibraltar, die THAMES, keine dreißig Seemeilen entfernt, nimmt das Schiff an den Haken. Die Dynamos liefern wieder Elektrizität. Ein Wrack auf dem Weg in den Hafen.

13

LEGION und LAFOREY bleiben in Sicht und auf Wacht. Ein weiterer Schlepper, die ST. DAY, klinkt sich ein. Ein Konvoi, durch immer ruhigere See, und schon deswegen aller Hoffnungen wert. Einzig die ARK ROYAL, von der keiner weiß, wie es wirklich um sie steht, zeigt sich dem Unternehmen am Ende doch nicht gewachsen. Ihr Schicksal ist besiegelt, als das Wasser die Verbindung zwischen den Feuerstellen und dem Schornstein abschneidet. Die Lecks waren zu groß.

14. November 1941, 6:13 Uhr: »She's gone.« Das wäre das Ende gewesen, wäre da nicht einer geblieben, auf mittlerweile erwartbare Weise: »Ein Motorboot, das sich durch die Überbleibsel schob, entdeckte eine sich an ein Stück Holz klammernde Schiffskatze, verärgert, aber ansonsten unversehrt.« (Jameson) Oscar, wie nun schon zu erwarten.

Endlich aus dem Bauch der ARK ROYAL in den verdunkelten Novembermorgen aufgestiegen, hätte sich ihm dieser Anblick geboten: Im mittlerweile spiegelglatten Wasser versammelten sich all die, um die es bei seinem Dienstauftrag ging: Ratten, beim Abgang vom sinkenden Schiff. Auf der BISMARCK hatten sie sich, wegen der Umtriebe in den Provianträumen, schon Stunden vor dem Untergang eine Auszeit für, was sie nicht wissen konnten, alle Zeiten genommen. An die ARK ROYAL haben offenbar, bis zum Beweis des Gegenteils, nicht wenige von ihnen geglaubt.

Aus der Sicht von Oscar muss sich das so dargestellt haben: Finsternis, von messerscharf den Wellenschlag der Begleitschiffe reflektierenden Lichtstreifen durchschnitten. Die ganze Arbeit, die man den Schiffskatzen auferlegt hat, erweist sich in diesem Augenblick als regelrecht für die Katz. Die ihm anvertrauten Ratten entfernen sich, so schildern es später Augenzeugen, wie in Formation von dem über Steuerbord kenternden Träger. Jede für sich, mit einer winzigen, von den Hinterläufen ausgehenden und nach vorn filigran aufrauschenden und verkümmernden Bugwelle, die, mit ihrem »v«, für VICTORY zu stehen scheint. Ob sie es damit wirklich nach Gibraltar oder wenigstens an die in Sichtweite liegende spanische Küste geschafft haben? Winston Churchill, der Mann, der sich wie kein anderer auf dieses Siegeszeichen verstand, erwähnt nichts davon in seinen Memoiren.

Eine Party im Büro des Hafenmeisters von Gibraltar war nach Oscars Rückkehr nicht zu erwarten. Oscar, von der LEGION, dem nun schon vertrauten Rettungsschiff mit eigentlich anderen Aufgaben an Land gesetzt, kriegt dort einiges zu hören und muss nichts verstehen. Dass er ein Agent gewesen sein könnte, eigentlich OSCAR NAZI genannt werden müsste. Ein Unglücksbringer in geheimer Mission, zwei britische Schiffe gegen ein deutsches, dieses allerdings von einiger Bedeutung und Größe.

Dass, eine weitere Theorie ohne jeden Rückhalt, die deutschen U-Boote auf den Überläufer Jagd gemacht haben könnten? Die Kriegsmarine unter Großadmiral Raeder und dessen Führer planen im Jahr 1941 ein Kommandounternehmen gegen eine zum Feind übergelaufene bzw. übergeschwommene Katze? Gute Gründe, sich allein deswegen auf Dauer der Royal Navy anzuschließen.

Eine vertraute Szene im Büro des Hafenmeisters von Gibraltar. Da sitzt er jetzt schon wieder, tropfnass, ölverschmiert. Es liegt sogar, von einem britischen U-Boot, eine Anfrage vor. Dass dessen Befehlshaber, als man ihm Oscars ganze Geschichte erzählt hat, ohne ihn auf Feindfahrt geht, kann man gut verstehen. Beim Hafenmeister von Gibraltar hingegen, wo er jetzt auf weitere Einsätze wartet, finden sie gerade den Namen für ihn, der in die Seekriegsgeschichte eingehen wird: UNSINKABLE SAM.

Der Gouverneur nimmt sich seiner an und lässt ihn Mäuse jagen in seinem Palast. Am Ende haben sie aber doch nur noch einen seinen bisherigen Lebensumständen gerecht werdenden Satz übrig: »He's a very lucky cat, but he brings no good luck to our ships.« Das kommt schon mal vor. Man muss es sich nur merken und ihn für die Zukunft von jedem Schiff der Royal Navy fernhalten.

Seine letzte Fahrt übers Meer führt Unsinkable Sam ins Seemannsheim von Belfast. 1955 stirbt er dort, hoch geehrt und hoch betagt. Wo auch sonst?

TRIM
DREI JAHRE IM MAST

AUF DEM ESELSHAUPT

Jedes Segelschiff gleicht, vom Kielschwein tief unten bis zum Esels-
haupt obenauf, einer Menagerie. Wer die Hundewache geht, fühlt sich
auch so. Der Anker wird auf einem Schweinsrücken gestaut. Ein Fisch
schwimmt nicht nur im Meer. Er steht auch für die Mittelplanke in einem Holzdeck, von der die Stäbe grätenförmig abgehen. Der Hahnen-
kamm, über eiserne Ringe gezogen, schützt die gegen diese schlagenden
Segel vor dem Verschleiß. Selbst beim Hundsfott, besser als Schimpf-
wort bekannt, handelt es sich eigentlich nur um ein Auge an einem
Block, an das eine Talje gelegt werden kann.

Dass so viel Viehzeug sich im Jargon der Seeleute spiegelt, liegt daran, dass immer Tiere auf Schiffen anwesend waren. Noahs Arche, äußerlich ein plumper Kahn, diente einzig dem Zweck, ein Paar von jeder Art
vor Gottes eigenwilligem Umgang mit seiner Schöpfung zu retten. Spä-

ter löste sich diese starre Zuordnung auf. Nicht jeder Kapitän aus späterer, nicht mehr nur biblischer Zeit, musste sich gegen eine Sintflut behaupten. Bei einem freilich blieb es: Schiffe bilden einen Mikrokosmos des gesamten organischen Lebens, mit vielerlei Bezügen und genau so vielen Unterschieden zum Leben an Land.

Hühner, Schweine, Kühe, die Möwen, die vorbeischauen, wenn Land in Sicht kommt, die Hunde, die es nicht erwarten können, dort wieder auf festem Boden mit der Mannschaft zu jagen, all das gehört zum Bordleben und wirkt nach bis in die Sprache derer, die ihm ausgesetzt sind. Wer weiß schon, dass die Rossbreiten, diese Kalmenzone beiderseits vom Äquator, ihren Namen dem Umstand verdankt, dass dort die Rösser, wegen der Wochen andauernden Flauten, ums Leben gebracht werden mussten. Ihren Durst zu stillen, war nicht genug Frischwasser vorhanden.

Die Nager vor allem und die Katzen, die ihretwegen an Bord gelangten, das ist die am weitesten verbreitete Geschichte vom Leben der Menschen mit Tieren auf See. In ihr deutet sich an, dass ein Schiff nicht wenig einem Bauernhof gleicht. Man staut Vorräte, für die lange Fahrt. Das weckt das Verlangen von allerlei Raubzeug, dem Einhalt geboten werden muss. An der Stelle tritt die Schiffskatze auf. Sie wird kurz gehalten und darf nicht mit einem eigens für sie hergerichteten Futterplatz rechnen. Mit einem Schluck aus dem Wasserfass schon.

Der beste Platz, sich das Leben und Treiben auf einem Segelschiff anzuschauen, ist das Eselshaupt, ein kaum fußbreiter Zwischenraum, zu dem die den Mast stabilisierenden Wanten hinaufführen. Konstruktiv unverzichtbar und eigentlich nicht gedacht für irgendwelche Kletterpartien. Schon gar nicht für die einer Katze, die auf dem Gebiet, an der Schwelle von 18. zum 19. Jahrhundert, auf ein paar Schiffen im Südmeer wahre Wunder vollbringt. Sie sitzt nur dort oben und denkt sich, auf die Art, wie nur Katzen das können, das Ihre. Der ganze Wirrwarr auf dem Deck und im Rigg, das Durcheinander beim Segel Setzen wie Bergen kann ihre Sache nicht sein.

Es steht nirgends geschrieben, dass sich eine Katze, während die Seeleute ihrer Arbeit nachgehen, dort oben aufhalten sollte. Ihr Aufgabengebiet liegt eher in dem Bereich, den die Wasserlinie markiert, bei dem lichtscheuen Gesindel, das sich dort einnisten konnte, weil es sich, in den Häfen, darauf versteht, über die Landleinen an Bord zu gelangen. Selbst die eigens dafür aufgesteckten Rattenbleche sind nicht wirklich ein Hindernis für eine solche Spezies, die immer nur nimmt, nie gibt und die allen ein Ärgernis ist.

Man sollte nun allerdings nicht glauben, Trim, mit dem Hang, sich von all dem, wofür er sich eigentlich an Bord befindet, einen Überblick zu verschaffen, habe sich der ihm zugedachten Arbeit entziehen wollen. Was ihn auszeichnete, war eine den Katzen von jeher eigene Neugierde, verbunden mit einem unmissverständlich zur Schau gestellten Freiheitsverlangen.

Wenn schon auf ein Schiff und damit genau genommen in Unfreiheit versetzt, konnte er nicht ganz falsch damit liegen, wenigstens jeden Winkel seines Aufenthaltsorts so genau wie möglich zu erkunden.

Dem Revier einer Katze sind auf See natürliche Grenzen gesetzt. Die Entscheidung, deswegen wenigstens in der Vertikalen Raum für sich zu gewinnen, ist daher nur konsequent. Es existieren ja, weil auch die Seeleute sich ihrer bedienen, genug Wege dorthin.

So kommt es, dass dieser Kater Stunden und manchmal sogar Tage seiner Zeit in aller Gelassenheit dort oben verbringt, bis die unter ihm sich nicht einmal mehr fragen, welchen Gedanken genau er dort oben nachhängen mag. Wenn man allerdings weiß, dass Katzen hoch gelegene Aussichtsplätze manchmal über jedes vertretbare Maß lieben, relativiert sich dieser Befund. Sie öffnen ihnen den Blick für das Ganze ihrer Lebensumstände. Das dunkle, wegen seiner Komplexität nicht leicht beherrschbare Reich unter Deck, das ihm zugeteilt wurde, genügt diesem Schiffskater nicht. Er will nicht, er *muss* hoch hinaus. Nur als lebendes Inventar sein Dasein zu fristen, reicht ihm nicht aus.

Sie haben deswegen ihre Mühe mit ihm. Katzen schaffen es mühelos hoch hinauf in einem Baum. Ihr, vor allem in jungen Jahren, sprunghaftes Verlangen, über sich hinauszuwachsen kennt jeder Feuerwehrmann, der einmal, über die Drehleiter und mit sonstigem schweren

Gerät ausgestattet, eine Katze wieder auf festen Boden hinab schaffen musste.

Auf einem Schiff geht das nicht anders. Der Kater auf dem Esels-haupt, an den sie sich gewöhnt haben, bliebe wahrscheinlich auf ewig dort sitzen, weil es ihm, seiner Anatomie wegen, an der Gabe fehlt, ge-nau so spontan und von Entdeckerfreude angetrieben wieder herunter zu finden. Den Weg kann sich, weil er gegen ihre Blickrichtung abwärts verläuft, eine Katze nicht umstandslos ebnen.

Irgendeinen aus der Mannschaft trifft es daher immer, wenn Trim genug hat und sein Verlangen, wieder an Deck zu kommen, unmissver-ständlich artikuliert. Das ganze Katzenglück, das gerade noch Meer und Schiff und vielleicht den Streifen Land am Horizont sein eigen nannte, steckt dann im Innern einer Matrosenbluse oder klammert sich an ei-nen deswegen für den Abstieg nicht mehr brauchbaren Arm.

Selbst die unumstößliche Regel, nach der eine Hand den Mann und eine das Schiff sichern soll, gilt dann nicht mehr. Eine Hand dem Kater, eine fürs Schiff. Von dem Mann, den er sich für dieses Kunststück aus-gesucht hat, darf man wohl erwarten, dass ihm das gelingt. Er ist schließ-lich Seemann und einem Schiffskater daher, wenigstens beim Hinunter-steigen, haushoch überlegen.

INS SÜDMEER

Trim wurde im Jahr 1799 während einer Überfahrt vom Kap der Gu-ten Hoffnung nach Port Jackson, dem Hafen, um den in diesen Jahren die Stadt Sydney wuchs, auf der HMS RELIANCE geboren. Wir wüssten nichts über ihn, hätte er nicht auf dieser Überfahrt einen enthusiasmier-ten Förderer und Fürsprecher gefunden. Der, Matthew Flinders, hatte schon in früher Jugend Daniels Defoe's *Robinson Crusoe* gelesen und sich 1789 bei der Royal Navy verdingt.

Unter dem Kommando von William Bligh, dem Kapitän der später von Meuterern in Mitleidenschaft gezogenen BOUNTY, war er von 1791 bis 1793 schon einmal durchs Südmeer gereist. Von Sir Joseph Banks, dem Botaniker, Präsidenten der Royal Society und Wegbegleiter von James Cook ermuntert, unternahm er, gerade zwanzig Jahre alt geworden, vor der Südküste Australiens Entdeckungsreisen auf eigene Faust. Er erkundete in einem winzigen Boot mit dem Marinearzt George Bass die später nach diesem benannte Bass-Straße und umrundete als erster Tasmanien. Von der Katze, derer er 1799 auf der RELIANCE ansichtig wurde, kam er sein Leben lang nicht mehr los.

Trim, so ist es von ihm überliefert, war gleichermaßen ein Geschöpf der Royal Navy wie des Indischen Ozeans, mit all den bewundernswerten Eigenschaften, die man auf diese Weise erwirbt. Ein Wesen von hoher Intelligenz, bravouröser Entschlossenheit, ungewöhnlich in jeder Hinsicht, was seinen Einsatz, sein Handeln und sein Betragen anging und von allen Flinders bekannten Angehörigen seines Stamms so verschieden wie das, was einen furchtlosen Seemann aus der Phalanx der gewöhnlichen Drückeberger und Ackerknechte auf den Schiffen der Royal Navy herausragen lässt. Ein Kater von Ehre, wenn man so will.

Einstweilen, auch das lässt sich nicht verschweigen, allerdings nur ein Spielkalb wie alle Kätzchen, mit ein bisschen zu viel Bewegungsmut und zu wenig Stehvermögen für den kritischen Fall. Alles Lektionen fürs Leben, die Trim souverän absolviert. Es gelingt ihm ein ums andere Mal, über Bord ins Wasser zu fallen. Nicht selten ist eine Katze danach erledigt.

Trim aber wäre nicht der, für den ihn Flinders schon zu dieser frühen Zeit hält, gelänge es ihm nicht, für jedes der Missgeschicke, in die er sich bringt, einen Ausweg zu finden. In der Horizontalen wie in der Vertikalen gelangt er zu den Tugenden, die jeder Schiffskater haben sollte, der später einen Platz in der Geschichte der Entdeckungsreisen einnehmen will.

Er lernt Schwimmen, eine Technik, mit der die Natur Katzen nicht von vornherein ausgestattet hat. Er begreift, dass das Wesen der Schiffe die Leinen ausmachen, die sie an Land halten und von denen manche einfach nur im Wasser liegen und darauf warten, dass eine Katze ihre Chance nutzt und sich an sie klammert, um sich wieder an Bord hieven zu lassen. Trim, das Spielkalb, macht sich zuerst als Überbordkater einen Namen. So viel Schiffskatze war nie.

So schön, schenkt man Flinders Glauben, ist einer von seiner Spezies auch nie gewesen. Er entwickelt sich prächtig, was nicht wenig daran liegt, dass man ihn nicht allein auf sein Beuteschema festlegt. Flinders, ein Analytiker, der sich auch auf den Instrumentenbau versteht und der als erster Überlegungen zum Einfluss des Schiffseisens auf die Weisung der Kompassnadel anstellt, findet eigens einen Begriff für die Steuerung von Ernährungsgewohnheiten: FRESH-MEATOMETER, ein eher statistisch begründetes, als in Form eines Geräts umgesetztes Verfahren für die Zuteilung von Fleischrationen.

Trim dankt es mit ungestümen Wachstum, reift zu einer Persönlichkeit von erheblichem Gewicht und bringt es zu einem ungemein buschigen Schwanz. Für das Auf und Ab, dem sich eine Katze auf See ausgesetzt sieht, ist ein solcher Schwanz ein überaus wertvolles Navigationsinstrument.

Auch sein bestes Stück, der weiße, sternförmig von seinem Brustbein abstrahlende Fleck, lässt ihn fast schon über Gebühr wie eine Meerkatze aussehen. Den Vergleich allerdings würden sich Flinders wie Trim entschieden verbieten. Meerkatzen, eine Primatengattung, sind von ganz anderer Art, mit durchaus eigener Würde und bedenkenswertem Gebaren ausgestattet und vor allem aus nur schwer verständlichen Motiven darauf aus, in Gruppen leben zu wollen. Trims Stern dagegen sieht, wie eigentlich der ganze Kater, fast schon wie ein von einem fernen Horizont herüber leuchtendes Seezeichen aus. Einigermaßen eitel, auch das verschweigt Flinders nicht, ist Trim wahrscheinlich auch deswegen gewesen.

Trims von Flinders und seiner Mannschaft am meisten bewunderter und hin und wieder vielleicht auch ein wenig übersteigerter Charakterzug besteht darin, sich so gut wie alles anzueignen, was auf einem Schiff gelernt werden kann. Das Bordleben ist in nahezu allem eine eingespielte Maschinerie mit wenig Spielraum für die Spontaneität, zu der Katzen von Haus aus neigen. Trim gesellt sich, wo immer sich das einrichten lässt und nicht gerade das Eselshaupt lockt, an Flinders Seite. Er beobachtet, wie der mit den Navigationsinstrumenten operiert und scheint zur Nachahmung zu neigen, hätte er nur die körperliche Ausstattung dafür.

Auf seine katzenhafte Weise gelingen ihm gleichwohl bemerkenswerte Erfolge auf den Gebieten von Navigation, Mathematik und Geometrie. Seine Spielereien mit Bleikugeln und anderen Projektilen unterscheiden sich signifikant von den unbeholfenen Bemühungen der anderen an Bord lebenden Katzen. Er versteht sich aufs intuitive Berechnen der Einflüsse von Gravitation, Schiffsbewegungen, Windstößen und mechanischen Hindernissen auf die Laufbahn von Körpern, wie das nur Physikern und Astronomen gegeben ist, und animiert die Seeleute an Deck, es ihm nachzutun und mit ihm zu experimentieren.

Auch die Praxis, Segel zu setzen, ein Reff zu binden oder fürs Bergen der Segel in den Wind zu drehen, kann seine naturgemäß nicht sein. Dabei ist er immer. Das Navigieren schärft seinen Verstand. Nur vom Leben an Land und den Gepflogenheiten dort weiß er nichts. Was das angeht, liegt noch einiges vor ihm, von dem er, der zwischen Himmel und Meer seine Fähigkeiten und Fertigkeiten verfeinert, nichts ahnt.

Wie ein Offizier, umgeben von lauter ihm ergebenen Freunden, habe er auf die Menschen seiner Umgebung gewirkt. Kein Fass kommt ihm an Deck, das er nicht, seinem König und Land verpflichtet, zuvor gründlich inspiziert hat, um es erst dann für den weiteren Gebrauch freizugeben. Er scheut weder Kopf noch Kragen bei solchen Geschäften. Seiner selbst so sicher wie nur einer, der über die Gabe einer mit Fleiß und Ausdauer erworbenen Autorität verfügt, sieht man es ihm nicht nur nach, man begrüßt es sogar ausdrücklich, dass er eine Viertelstunde vor jedem anderen der Offiziere an seinem Platz in der Messe erscheint. Man hat ihm dieses Privileg nicht eigens einräumen müssen. Es gehört, nicht länger hinterfragt, zu seiner Stellung, die man ihm seiner Verdienste wegen in der Bordhierarchie einräumt. Selbst seine Betteleien bei Tisch zeichnen sich durch gleichermaßen Ausdauer wie Bescheidenheit aus. Ein Kater mit besten Manieren, wo hat es das, auf einem Schiff der Royal Navy, vorher gegeben?

Im Jahr 1800 kehrt die RELIANCE über Kap Horn und St. Helena nach England zurück. Eine Episode, während der er, nebenbei, auch noch den Status eines Kap Horniers erwirbt. Sein Gleichmut bewahrt ihn davor, von dieser seemännischen Leistung viel Aufhebens zu machen. Was folgt, verwirrt ihn dann aber beträchtlich.

Er wird von Flinders, der anderen Verpflichtungen nachgehen muss, in Deptford im Haus einer zuvorkommenden Lady untergebracht, die von dem, was diese Katze ausmacht, zu wenig weiß. Für sie sieht Trim erst einmal nur wie jede andere ordinäre Landkatze aus. Dass der einer solchen Erwartung nicht gerecht zu werden vermag, kann sie nicht ahnen.

Er steigt durch ein Schiebefenster aufs Dach des Hauses, weil das am ehesten dem entspricht, was er vom Schiff als seine angemessene Position kennt. Als es zu regnen beginnt und keiner ihn bergen will, schafft er es tatsächlich aus eigener Kraft wieder zum Fenster hinunter. Es ist nur inzwischen verschlossen. Trennendes, in dieser Form, ist ihm fremd. Er bricht, animalisch wie selten, mit einem beherzten Sprung durch das Glas und darf sich anhören, was in drei Teufels Namen diese ausländische Katze mit plötzlich nur noch schlechten Manieren dazu gebracht haben könnte.

In dem Haus gibt es Mäuse, wie in seinem angestammten Revier. In dem Haus gibt es außerdem, sehr ansehenswert, viel kostbares Porzellan in eigens dafür aufgestellten Regalen. Die Hauskatzen, die hier das Sagen haben, haben die Technik des berührungsfreien Umschleichens dieser Schätze perfektioniert. Trim hingegen zeigt keinerlei Verständnis für die gutbürgerliche Ambitioniertheit, die man all diesen nicht wirklich nützlichen Tassen im Schrank zukommen lässt. Wo es sich ergibt, regnet es Splitter. Es fliegen die Fetzen. Irgendein Geist, glaubt die Hausherrin noch, einer Ohnmacht nah, sei in ihre Sammeltassen gefahren.

Kaum hat sie sich vor das Haus gerettet und wieder einigermaßen zu sich gefunden, da springt ihr, aus der offenen Tür kommend, der Geist, pechschwarz mit diesem alles überstrahlenden Stern auf seiner Brust, auch schon auf ihre Schulter, streicht mit seinem Kopf behutsam über ihre Wange und lässt sie mit einem sanften Schnurren wissen, dass er keineswegs feindliche Absichten hege. Die Prügel, die sie sich schon für ihn ausgedacht hatte, bleiben ihm danach erspart.

In einer Postkutsche, mit der ihn Flinders wenig später nach London chauffiert, beweist er, dass seine auf See erworbenen Manieren auch für einen ihm zugemuteten Landgang etwas hergeben. Kein Gedanke, dass er sich in der ihm fremden Umgebung besser zurücknehmen sollte. Er behauptet seinen Platz wie einer, der dafür gutes Geld hingelegt hat. Stellt sich, mit ausgestreckten Pfoten, seinen Mitreisenden vor, wie einer auf Augenhöhe mit ihnen. Zwei Gentlemen an Bord der Kutsche beeindruckt er damit so sehr, dass sie der Erzählungen nicht müde werden, die Flinders, was Trims Erziehung, seine Sitten, Gebräuche und Abenteuer angeht, unterwegs beisteuert.

SCHIFFBRUCH MIT ZUSCHAUER

Zurück ins wahre Leben, auf ein Schiff, die INVESTIGATOR, mit klaren Aufgaben, die nun wieder vor ihm liegen. Die INVESTIGATOR hat Hunde an Bord. Auf See werden die nicht wirklich gebraucht. Sie sind wegen der in Aussicht genommenen Landgänge an Bord, als Begleiter und Schutz auf Erkundungen und für die Jagd. Trim schaut sie sich an und befindet, dass sie jede Aufmerksamkeit und jedes Einschreiten verdienen. Schon dass sie an Deck spielen und dabei nichts Nützliches leisten, ist ihm zuwider.

Sie sind da, das kann er nicht ändern. Sie befinden sich allerdings, das gibt er ihnen ohne Wenn und Aber zu erkennen, in seinem Revier. Mal ist er mitten unter ihnen, mit einem Prankenschlag hier auf ein Auge und

dort auf eine dieser empfindlichen Hundeschnauzen, die mehr als nur einen Kratzer verdienen, wenn die Disziplin an Bord gewahrt bleiben soll. Er holt Ausreißer vom Vorschiff, weil sie, wie auch Flinders das sieht, dort nicht hingehören. Gibt den Löwen, mit dem dazugehörigen, eigentlich für Beutetiere gedachten finalen Schrei. Holt dann doch wieder bloß aus und schrammt ein Näschen, das es verdient. Das sollte genügen. Genügt auch. Man muss, soll so eine Schiffsreise gelingen, wirklich gut auf die Hunde aufpassen.

Als die INVESTIGATOR von diesem australischen Rundtörn zurückkehrt, ist sie ein Wrack. Flinders und Trim, nunmehr bereits Helden, mustern ab. Die HMS PORPOISE, die sie nach England bringen soll, läuft am 17. August 1803 auf ein Korallenriff vor Australiens Ostküste und sinkt. Besatzung und Kater können sich auf eine Sandbank retten. Zwei entbehrungsreiche Monate verbringen sie dort. Die CUMBERLAND, ein Schiff auf Chinafahrt, dessen Zustand ebenfalls bereits von einem baldigen Untergang kündet, bringt sie auf. Vor der Île de France, heute Mauritius, sechshundert Seemeilen östlich von Madagaskar, gehen Trim und Flinders von Bord.

Vom Ausbruch der napoleonischen Feldzüge in Europa und dem Kriegszustand zwischen England und Frankreich haben die Entdeckungsreisenden aus dem Südmeer nichts gehört. Sie werden als Angehörige einer feindlichen Macht, womöglich als Spione, interniert. Man steckt sie in eine Zelle, ein Umstand, der Trim so wenig zu beeindrucken vermag wie seine Gefangenschaft in dem Haus in Deptford mit all dem scheppernden Porzellan.

Am Ende müssen sie ihn, seiner zu vielen nicht nachvollziehbaren und risikoreichen Ausflüge wegen, sogar wegsperren und die Avancen einer französischen Lady abwehren. Die bietet Trim Sicherheit, sollte der sich als Hauskatze und Spielgefährte ihrer Tochter verdingen. Nichts, das seinem Naturell gerecht werden könnte. So sieht es auch Flinders. Er winkt ab und zieht die Zweisamkeit in der Gefangenschaft vor.

Ein Fehler, wie sich schnell herausstellen wird. Der Kater verschwindet. Schwarze Sklaven, argwöhnt Flinders, hätten ihn eingefangen, gekocht und verzehrt. Mit einem einzigen, tränenreichen Satz markiert Flinders später sein Ende: »Thus perished my faithfull intelligent Trim!« Nach sieben Jahren Gefangenschaft kehrt der Kapitän 1810 nach England zurück.

EIN LIEBESBEWEIS

In Matthew Flinders Beschreibung seiner Reise um Australien findet sich nicht ein einziger Hinweis auf Trim. Das sollte keinen verwundern. Flinders gibt sich in diesem erstmals am 18. Juli 1814, einen Tag vor seinem Tod erschienenen Reisebericht als ein gewissenhafter Protokollant der Erkundungen, die er für seine Auftraggeber angestellt hat. Für eine durch eine solche Schrift streifende Katze hätten die kein Verständnis gehabt. Entdeckungsreisen, fremde Länder und Meere, Instrumentenbau und das Kartieren bis dahin unbekannter Gebiete waren eine der Herzensangelegenheiten, die ihn umtrieben.

Für die andere Herzensangelegenheit, den Kater Trim, revanchierte er sich bei diesem mit einer knappen, von viel Zuwendung durchdrungenen Schrift, die er während seiner französischen Gefangenschaft schrieb und die bis 1973 unentdeckt im National Maritime Museum, Greenwich, lag. Ein schönerer Beweis dafür, dass es möglich ist, einem toten Gefährten noch ein weiteres Leben zu schenken, lässt sich kaum finden.

Für die Australier ist der Kater einer der nationalen Mythen, um die sie sich scharen. Vor der Mitchell Library in Sydney kann man sich sein Denkmal anschauen. Trim steht dort ganz genau so, wie ihn Flinders beschrieb.

GRO
ICH WAR DANN MAL DA

SCHMETTERLINGE

Plötzlich Katze, so fing es an.

Es war Sommer geworden, und sie schaute schon manchmal vorbei.

Meistens, an den sonnigen Tagen, von denen es 1997 nicht wenige gab, jagte sie Schmetterlinge vorm Haus. Die schweren, violetten Blüten der Buddleja vor unserem Fenster lockten ganze Schwärme von Kohlweißlingen an. Manchmal auch einen gefleckten Admiral oder ein Pfauenauge auf seinem eigentümlich taumelnden Flug.

Von der Katze, die unter ihnen im Blattwerk lauerte, war kaum etwas zu sehen. Nur ein Stück von ihrem schwarzen, manchmal ein wenig ins Bräunliche changierenden Fell. Wie ein Schatten, auf dem manchmal Flecken von Sonnenlicht tanzten, lag sie im schon viel zu hoch aufgeschossenen Gras. Nur ich wusste, dass sie sich dort aufhielt. Dass sie, in Bruchteilen von Sekunden, mit einer einzigen federnden Bewegung einem Falter entgegen schnellen würde, der, betäubt vom Blütenstaub, von einer Rispe aufzusteigen versuchte. Der Griff, mit dem sie ihn an sich riss, erinnerte ein wenig an das erste Händeklatschen des Publikums nach einem Konzert. Ein kurzer, tonloser Schlag, dem weitere in unregelmäßigen Abständen folgen.

Der taumelnde Flug eines Schmetterlings ist etwas unendlich viel Komplizierteres als das Hüpfen eines Vogels oder die einfacher berechenbare Flucht einer Maus. Eine Herausforderung, wenn man es aus dem Blickwinkel der Katze betrachtet, und daher kein Anlass, vor der Zeit aufzugeben und müde zu werden.

Jeder zehnte Fang eine Beute, das führte, bei Hunderten von Schmetterlingen, rein rechnerisch zu genau dem Quantum von ins Haus geschleppten, zerfetzten, in Staub zerfallenen Trophäen, das den Glastisch im Wohnzimmer schon seit Tagen wie einen Seziertisch aussehen ließ. Felis silvestris domestica und buddleja japonica: Die Begegnung eines Geschöpfs der heimischen Fauna mit einem Exoten aus tropischer Flora musste sich, daran bestand kein Zweifel, irgendwann vernichtend auf die mitteleuropäische Artenvielfalt auswirken.

HINTER BÜCHERN

Wir nannten ihn Peter, nach einem Kater, der sich, ein paar Jahre zuvor, bei einem früheren Nachbarn einquartiert hatte. Er tanzte sich durch den Sommer. Eigentlich, brachten wir bald in Erfahrung, stammte er aus einem Haus auf der anderen Seite der Straße. Zwei Familien lebten dort, mit einer Schar von meist sich selbst überlassenen Kindern. Auf eine häufig recht unsensible Weise nahmen die sich der Katzen an, die bei ihnen lebten.

Kinder und Katzen, dieses Nebeneinander läuft, aus der Sicht der Katzen, fast immer auf ein Missverständnis hinaus. Ein zu großes Liebesverlangen seitens der Kinder trifft auf ein bei ihnen noch zu gering ausgebildetes Liebesvermögen.

Sie packten sich die Katze, wie wir beobachten durften, schleiften sie bald hierhin, bald dorthin, herzten sie ein ums andere Mal auf eine viel zu kompakte Weise und jagten sie, wenn sie sich ihrem Bemühen entzog, auch noch davon. Ein paar Tritte und Schläge, wo sie ihrer habhaft

30

wurden. Steinwürfe, von denen glücklicherweise nie einer traf. Tränen, von denen keine einzige die Katze zu rühren vermochte.

Unvergessen der Tag, an dem sie sich für uns entschied. Sie schob sich, ohne den obligatorischen Schmetterling in ihrem Fang, an einem früh vollendeten Herbsttag zu uns herein. *Sie*, weil sich an dem Tag auch herausstellte, dass Peter dem, wofür wir ihn gehalten hatten, nicht standzuhalten vermochte. Der Kater erwies sich als ein nunmehr fast schon ausgewachsenes, seiner Sache ungemein sicheres weibliches Tier.

Mit aufgestelltem Schwanz bedeutete sie uns in unserer Küche, dass ein Fressplatz an der Stelle, die sie sich dafür ausgesucht hatte, nicht das Schlechteste wäre. Ein Wassernapf, eine Schüssel fürs Grobe, und wo, bitte, geht es denn hier zur Katzentoilette?

Danach nannten wir sie GRO, dem Laut folgend, mit dem sie unerwartete Begegnungen und Berührungen kommentierte. Sie ging dann, als alles in ihrem Sinn geregelt war, entweder unseretwegen oder um sich den Nachbarskindern, die lauthals Ausschau nach ihr hielten, zu entziehen, drei Tage nicht mehr aus dem Haus. Ein Stapel mit frischer Wäsche hatte es ihr so sehr angetan, dass sie darin in einen nur von kurzen Fresspausen unterbrochenen Tiefschlaf fiel.

Sie verwandelte uns. Wir verwandelten sie. Ich bin mit Katzen aufgewachsen, aber, von ein, zwei Ausnahmen abgesehen, waren das Bauernkatzen mit einem eher dem Haus als den Menschen in ihm geltenden Beharrungsvermögen. Gro verfügte noch über einige dieser ihrer Gattung zugeschriebenen Orientierungen. Auf eine unnachahmliche Weise gab sie aber sehr schnell zu erkennen, dass ihr nicht viel daran lag. Es stimmte nämlich etwas nicht mit ihr. Wir brauchten einige Zeit, um das zu begreifen.

Es fing damit an, dass sie eine Vorliebe für Bücher entwickelte. In dem Haus, aus dem sie stammte, hatte es wahrscheinlich keine gegeben. Weshalb sie in meiner Bibliothek ganze Tage ausgerechnet hinter einer neunbändigen Ausgabe der Werke von Jorge Luis Borges aus dem Jahr 1982 verbrachte, blieb uns trotzdem ein Rätsel. Sie kehrte von dort mit einem trockenen, wie von zu viel Papier und Staub hervorgerufenen

31

Husten zurück, der einige Tierarztbesuche notwendig machte. Der erste Veterinär, den wir konsultierten, hielt Cortison für ein durchaus angemessenes Mittel. Für uns hatte er Rotwein parat. Weder die Katze noch wir kamen darüber zu Kräften.

Ein paar Buchreihen und Monate weiter sahen wir uns gezwungen, den Tierarzt zu wechseln. Der neue, weit mehr engagiert und weniger den Rauschmitteln zugetan, kam zu einem Befund, der uns nicht überraschte: an literarischen Vorlieben der Katze konnte, was sie beschwerte, nicht liegen. Wahrscheinlicher, erfuhren wir, sei eine Hausstauballergie. So ziemlich das Dümmste, was Mensch wie Tier in einer mit Teppichböden ausgelegten Wohnung zustoßen kann. Die, entschied er mit einer Bestimmtheit, die wir noch schätzen sollten, müssten wohl raus. Es sind solche Befunde, die dazu führen, dass Vermieter nicht sehr viel von Haustieren halten.

Es folgten bessere Tage. Sommer voller Schmetterlinge und Katzen von nebenan. Ein Revierstreit reihte sich an den andern. Mal blieb es bei einem Riss im Hinterlauf, einer Perforation eigentlich. An einem anderen Tag wurde ihr nach einem Biss die Elle in einem Vorderlauf durchtrennt. Mit einer Schiene streifte sie unbeirrt wie Käpt'n Ahab durch ihr Herrschaftsgebiet. Katzen, lernten wir, sind nicht von Natur aus dominant. Sie haben nur bei der Domestikation besser aufgepasst als die anderen von Menschen ins Haus geholten Tiere.

Als Bücherkatze ließ sie irgendwann nach. Als Zeitungskatze nie. Kaum hatte man das Blatt aus dem Briefkasten gefischt und neben sich auf den Boden gelegt, saß sie schon auf der Titelseite, ganz Cover Girl in 3 D. Vor allem Papierziegelsteine wie DIE ZEIT oder DIE SÜDDEUTSCHE ZEITUNG mit ihrer damals noch mit Stellenanzeigen gespickten Wochenendausgabe hatten es ihr angetan. Lieber Druckerschwärze von unten als Hausstaub von überall her. Dabei mühten wir uns redlich, die Wohnung auch ihretwegen so sauber wie möglich zu halten. Weil sie Staubsauger hasste, war das aber auch nicht immer ganz leicht.

Irgendwann verlegte sie ihre Mediennutzung auf das Fernsehen, der glatten Oberfläche des Geräts wegen und weil die Bildröhre so viel Wär-

32

me nach oben abstrahlte. Einmal, als gerade Stanley Kubricks *Shining* lief, versenkte sie ihren Schwanz so tief in die Kulissenwelt des Overlook Hotels, durch das, mit irrem Mörderblick, Jack Nicolson streifte, dass wir uns den Film nur noch wie eine Slapstickkomödie von Mel Brooks anschauen konnten. Dass sie sich, von ihren letzten Lebensjahren abgesehen, nie auf den Arm nehmen ließ, hatte damit wenig zu tun. Das lag wohl immer noch an den Kindern von gegenüber, an die sie sich auch dann noch erinnerte, als wir die Wohnung aufgegeben und uns ein Haus anderthalb Kilometer entfernt zugelegt hatten. Sie vertrug keine Späße und neigte, wenn man doch einmal welche mit ihr anstellte, schnell zu unergründlicher Melancholie.

Einmal, an einem Silvesterabend, haben wir ihr in Sektlaune ein lustiges Hütchen aufzusetzen versucht. Als wir sie dann auch noch fotografierten, richtete sich ihr Blick so tief nach innen, wie das nur Trauernden nach einem Schicksalsschlag widerfährt. Wir hatten uns, ohne Not, an ihrer Würde vergangen. Bis ins neue Jahr hinüber ließ sie uns das spüren. Ein paar Tage später hustete sie wieder. Eine andere Art von Hausstaub hatte sich ihrer bemächtigt, in Gestalt einer ihr nicht angemessenen Clownerie. Wir hatten, so sah es wohl aus, die Grenze zwischen Haustier und Steifftier missachtet.

Alles Wesentliche an Katzen, schreibt Axel Eggebrecht in seinem erstmals 1927 erschienenen Buch über sie, ist ihre Form. Das ist richtig, aber man darf sich deswegen nicht von Idealbildern leiten lassen. Katzen sind sich eigen. Wer klug genug ist, liebt sie nicht seiner Anschauung wegen. Er nimmt sie für sich.

So besehen ist die Anatomie der Katze eine Form der Vollendung, die unkommentiert bleiben darf. *Der weiche Gang geschmeidig starker Schritte,* wie es bei Rilke heißt, hat ja auch viel mehr damit zu tun, dass sich der Dichter den wünschte und der von ihm beschriebene Panther im Pariser Jardin des Plantes ihm dafür in seinem Käfig Modell stehen musste. Man kann, mit besten Absichten, auch einer Großkatze zu viel abverlangen.

Eines der verblüffendsten Kunststücke, die Gro ganz ohne unser Zutun gelangen, war die Fähigkeit, sich aus dem Stand von unserem Fernseher auf einen ziemlich hohen Kleiderschrank zu katapultieren. Der Umstand, dass das Schlüsselbein der Katzen, anders als bei den übrigen Wirbeltieren und beim Menschen, nicht unmittelbar mit dem Skelett verbunden ist, verhilft ihnen zu dieser ungeahnten Elastizität. In Gegenrichtung ließ sie sich, jeden Morgen gegen drei Uhr, mit Donnergetöse auf den Fernseher fallen. Wir begriffen, was es mit ihrem Zeitmaß auf sich hatte und dass es mit unserem nicht harmonierte.

MEINE ZEIT, MEIN ORT, MEIN HAUS

Als wir das neue Haus bezogen, schaute sie sich kein bisschen neugierig um. Eher auf die Weise, die sie uns schon bei ihrem ersten Einzug gezeigt hatte. So in der Art von *es war ja ganz schön so, wie es bisher war, aber das hier habe ich eigentlich von euch erwartet*. Sie ordnete ihre Verhältnisse, vermaß die Territorien, auf denen sie sich künftig bewegen würde und stieß, weil das neue Haus eines war, in dem ich schon einmal gewohnt hatte, dabei auf den Kater Peter des Nachbarn, von dem ich mir kurzzeitig den ihr nicht angemessenen Namen geliehen hatte.

Peter, zeitlebens eher Katerchen als Kater, schwarz mit weißem Brustlatz und weißen Pfoten, verehrte Gro wie seinen Gott. Er musste sich Haus und Hof mit erst einem und dann noch einem Schäferhund teilen, hatte die Sache aber im Griff. Die mit Gro dagegen zu keiner Zeit. Es wurden Raus-aus-meinem-Garten-Jahre, mit festen Regeln für seinen Transit, und nach Verstößen dagegen wilden Jagden, bei denen er stets und ungläubig den Kürzeren zog. Selbst Schmetterlinge ließ Gro liegen, wenn sie seiner ansichtig wurde. Peter gab nie auf. Ein paar Tage vor seinem Tod schaffte er es noch in unsere Wohnung, mit einem Ausdruck in seinem Gesicht, der andeutete, dass es ihm wenigstens gelungen war, sich noch einmal anzuschauen, was sein Liebesnest hätte sein können.

Man sollte sich vor solchen Zuschreibungen hüten, aber in seinem Fall trifft sie zu. Wir projizieren ja andauernd irgendetwas von unseren Lebensumständen auf die Tiere, mit denen wir uns umgeben, in

34

der Hoffnung, sie seien uns ähnlich und würden sich dazu auch noch geschickter anstellen als wir. Bedauerlich ist nur, dass die Tiere davon meistens nichts ahnen. Hunde, das haben Verhaltensforscher herausgefunden, sollen der Empathie fähig sein. Katzen wahrscheinlich auch, aber zu ihren strengen Konditionen. Menschliche Empathie ist in ihrem Fall dienende Empathie. Stürmische Zuneigung muss unterbleiben. Insofern dürfte Peter, der verliebte Nachbarskater, zu viele menschliche Züge an sich gehabt haben.

Als ich sieben Jahre alt war, kaufte mein Vater bei einem Bauern für mich eine Katze im Sack. Ich hatte von dem Sprichwort, das sich damit verband, noch nichts gehört und steckte meine Kinderhand, als der Beutel mit dem Tier in unsere Küche geschafft wurde, voller Vorfreude in ihn hinein. Ich hatte mir eine Katze gewünscht und hätte alles für sie gegeben. Jetzt brauchten wir Jod.

Als ich sechsundzwanzig Jahre alt war, legte ich mir für meine Berliner Wohnung einen tischhohen Abfalleimer mit einem sich doppelseitig nach innen öffnenden Schwingdeckel zu. Seine Oberfläche wirkte, neben der Anrichte, vor der ich ihn plazierte, wie eine begehbare Fläche. Mein Kater Bagheera, mit dem ich damals in Wilmersdorf lebte, sah das nicht anders. Er spazierte über die Anrichte, was ihm eigentlich untersagt war, setzte seinen nächsten Schritt auf den Eimer und verschwand spurlos in einem blauen Müllsack voller Kaffeesatz und Gemüseabfällen. Über ihm schlossen sich, ganz nach Plan, die schwingenden Deckelsegmente. Ich befand mich direkt am Ort des Geschehens, lüftete den Deckel und steckte meine Hand in den Sack, um den Kater zu retten. Jetzt brauchte ich Jod.

Gro hatte nur einmal so wenig Glück und befand sich dabei in vergleichbaren Nöten. Man hatte ihr einen gutartigen Tumor unter dem rechten Ohr entfernt. Sie musste, weil die Wunde sonst nicht verheilt wäre, danach einen an ihrem Hals fixierten, ihren Kopf berührungsfrei haltenden Lampenschirm tragen.

Irgendwann hatte sie genug vom dauernd im Haus bleiben müssen und zog, mit meinem Einverständnis, in den Garten hinaus. Es war Au-

35

gust, mit noch immer genügend Schmetterlingen und Wühlmäusen unter der Ligusterhecke, die unser Grundstück von dem der Nachbarn abgrenzt. Mit dem weit ausfächernden Lampenschirm vor dem Kopf, dem sie nichts abgewinnen konnte, steckte sie sehr schnell dort fest. Ich tastete mich mit meiner Hand zu ihr vor, zog sie behutsam heraus und … brauchte *kein* Jod.

Bemerkenswert daran ist, dass man bei Erfahrungen mit Katzen immer von vorn anfängt. Die Bauernkatze, die meine Kinderhand zerkratzte, hatte Erfahrungen gesammelt, wie man sie nur auf dem Bauernhof macht. Bagheera war, aus einem Glücksgefühl heraus, dass ihn bei seinem verbotenen Abschreiten meiner Küchenanrichte gestreift haben muss, in ein schwarzes Loch abgestürzt, in dem es nach Kaffeesatz und Bleichsellerie roch. Gro hatte sich, am helllichten Tag, in meinem Beisein in einer Hecke verirrt. Jedes dieser Ereignisse steht für sich. Jede der Katzen, in ihrem Umgang damit, ebenfalls.

Weil es hier um den Anfang und Fortgang unseres Lebens mit Gro geht, und um ihr Ende, riskiere ich trotzdem einen Befund. Sie war ein Tier mit einer ausschweifenden und von den ihr stets zugetanen Tierärzten bestens dokumentierten Krankengeschichte. In deren Verlauf kristallisiert sich als bestimmende Eigenschaft heraus, was das lateinische Wort *Patientia* bestens umschreibt: diese beim Wort zu nehmende Engelsgeduld, mit der sie sich den Folgen jedes ihr zugestoßenen Unglücks ergab.

Wir haben einmal, nach einer schweren Vergiftung, die sie ums Haar ums Leben gebracht hätte, mit den Tierärzten zusammengesessen und gefragt, was es den nun auf sich habe mit ihrem Asthma und mit den erforderlichen Maßnahmen dagegen. Ach das, sagten die beiden und feixten dabei nicht mal, *das hat sie nach der Geschichte wahrscheinlich vergessen.* So war es wohl wirklich, denn es gab auf dem Gebiet nie wieder ein Problem.

Dabei war sie keineswegs, wie sich aus all dem schließen ließe, ein Pflegefall für ihr ganzes Katzenleben. Sie hatte bloß manchmal ein bisschen Pech und zwischenzeitlich unsagbar viel Glück, auch mit uns. Meiner Frau, die mit Katzen bis dahin nicht das Geringste am Hut gehabt hatte, schlich sich Gro mit so viel einnehmender List und Tücke ins Herz, wie das, beispielhaft, nicht einmal die Lehrbücher hergeben. Die berichten viel davon, dass Katzen, wo sie Abneigung spüren, all ihre emotionale Energie auf die Abgeneigten richten, so lange, bis die kapitulieren. So kriegen sie jeden.

ABSCHIED VON GESTERN

Ihre letzten Jahre waren, wie in jedem Leben, das ein nennenswertes Zeitmaß aufweist, eine Zeit, die sich wohl am besten als ein Zustand der kontemplativen Monotonie beschreiben ließe. Geordnet, in gewisser Weise menschlich geworden, weil an unserem Lebensrhythmus ausgerichtet, mit festen Auslass- und Einlasszeiten, die mit denen unserer Berufstätigkeit aufs Schönste übereinstimmten. Sie hatte sich, auf einer Sessellehne an einem Fenster meines Arbeitszimmers, einen Platz gesucht, auf dem sie dieser schon lange von ihr eingeübten Technik des unergründlich-freundlichen All-Inclusive-Schauens nachhängen konnte. Revierkontrolle von oben herab, mit deutlichen Kommentaren, wenn sich drunten auf der Straße die Rivalen zeigten. Unvergessen, aber keiner weiteren Betrachtung mehr wert, und keiner Kämpfe. Nur die schwarzgelben Augen weiteten sich noch. Kein Sturm mehr, kein Drang.

Selbstaufgabe, sei dazu angemerkt, geht anders. Einmal hatten wir, in Boston, eine Fußmatte mit Aufschrift für sie gekauft und über den ganzen Atlantik geschleppt: »THE CAT and its housekeeping staff reside here«. Weil sie keine Herrscherin war, aber unauffällig dafür sorgte, dass wir stets das Richtige für sie taten, hat sie das nicht sonderlich beeindrucken können. Wir liefen darüber hinweg, sie lief darüber hinweg, wir wussten, worum es ging, sie wusste, worum es ging.

Der Tod ist nicht die schönste Zeit im Leben, es sei denn, man ist aus Wien. Alle anderen auf unserer Erde neigen dazu, ihn nicht für möglich zu halten. Er schaut dann trotzdem vorbei, und es hilft einem nicht viel, wenn man die Anzeichen sieht. Das Ende eines Lebens setzt für diejenigen, die es trifft, keine Zeichen. Es setzt nur ihrem Leben ein Ende. Über das, was bleibt, können die Überlebenden so viel reden, wie sie wollen. Das Geschöpf, um das es geht, ist nicht mehr dabei.

Am Silvesterabend 2011 begann das Ende des Spiels. Sie hatte sich in einem Sessel im Wohnzimmer eingerollt, auf einem mit Katzenminze gefüllten Kissen, das ausnahmsweise nicht aus Boston, sondern aus Washington stammte. Man tut ja, vor allem bei ausdauernden Abwesenheiten, einiges für das Tier seines Herzens und schreckt sogar vor Mitbringseln wie diesem Futternapf aus dem Kennedy Space Center nicht zurück, der, mit Sonnen, Planeten und Kometenschweifen garniert und randvoll mit frischem Putenschnitzel gefüllt, in der Küche auf sie wartete. Nur keine Sentimentalitäten sagt sich jeder, und steckt schon mitten drin.

Von einem Augenblick auf den andern, sie hatte sich gerade auf ihre Art, aus dem Schlaf aufgekommen, genussvoll strecken wollen, erschütterte sie ein erschreckender, konvulsivischer Krampf. Er verebbte nach wenigen Minuten auf eine unangenehme, nichts Gutes verheißende Weise. Wir logen uns ins Jahr 2012 hinüber und redeten uns das Augenblicksereignis als eine solche schön, weil danach erst einmal nichts Vergleichbares passierte.

Ende Januar häuften sich die Anfälle. Sie beeinträchtigten die Motorik. Mit der Elastizität war es vorbei. Aus einer geradeheraus durchs Haus schnürenden, mit fast fünfzehn Jahren immer noch jedes Hindernis nehmenden Katze wurde ein humpelndes Steckenpferd, hölzern in seiner Fortbewegung, zunehmend entkräftet, mit immer wieder alles scheinbar auf Anfang stellenden Phasen. Sie blieb im Rhythmus, soweit es ging. Ihn zu wahren, bereitete ihr Mühe.

Auszeit: Aus dem Nachlass des 2007 verstorbenen Frankfurter Soziologen Karl Otto Hondrich erschien ein Text, in dem er das Ableben seines Hundes Charly und seiner Katze Tiger beschreibt. Das Heft hat zwei Jahre keine anderthalb Meter vom Schauplatz von Gros körperlichem Niedergang auf dem Wohnzimmertisch unter einem Berg von Büchern gelegen. Hondrichs Bericht ist eine schonungslos persönliche, aber gewissenhaft abwägende Erzählung von Zuneigung, die der

Gegenseitigkeit bedarf. Gro liegt anderthalb Meter daneben und ahnt nichts davon, dass einer ihre Geschichte schon aufgeschrieben hat. Es muss sie nicht kümmern. Sie ist ja, inzwischen ist es März geworden, immer noch da.

Am Ende der zweiten Woche dieses Monats kämpft sie sich noch einmal in den Garten hinunter. Läuft, unter Mühen, all die kleinen Schauplätze ab, die ganz ihre waren, an der Hecke vorbei durch den Zaun, in den anderen Garten hinüber, mit lang andauernden Pausen. Ein ermüdender Lauf. Steigt, verkrümmt wie Quasimodo, Stufe für Stufe hinauf zur Terrasse, auf der wir in diesem Sommer keinen Sonnenplatz mehr für sie einrichten werden. In weniger als einer Woche hat sie ein Fünftel ihres Körpergewichts eingebüßt. Sie hat noch fünf Tage.

Kriecht, in der letzten Nacht, aus dem Sessel in meinem Arbeitszimmer, zwei Stunden braucht sie dafür, ins Bett bis in meine Hand. Will nicht aufgeben, aber – *Patientia* – sie weiß schon und gibt das auch zu erkennen, worum es nur noch geht. Kein Hadern mit einem Gott oder Lebensentwurf, an den man sich noch einmal heranwagen müsste. Ich war dann mal da. Was gewesen ist, ist gewesen.

SISYPHOS
DIE SCHWERKRAFT RINGT UNS NIEDER

SCHWERELOS

Die Sache mit dem Flug: Kessi, eine der Katzen aus dem Nachbarhaus, ein schmaler, enorm biegsamer Kater, kannte sich aus auf dem Gebiet. Eine Technik, so ungewöhnlich, dass wir manchmal, in Erwartung dieser artistischen Einlage, nur seinetwegen am Gartentor standen und hin und wieder sogar den Briefträger verscheuchten. Auf die Post kommt es doch wirklich nicht an, wenn eine Katze ihre Kunststücke zeigt.

Irgendwann, nach solchen Augenblicken des Innehaltens, schlug sich Kessi aus dem Buschwerk auf die andere Seite der Straße. Der Kater tänzelte mit ein paar Passschritten über den Asphalt, fixierte das geschlossene Gartentor, verfiel übergangslos vom Trab in den Galopp, stieß sich mit den Hinterläufen gegen jede Regel so über jedes Ziel hinausschießend ab, dass er nicht, wie das alle anderen, ihm nicht ebenbürtigen Katzen getan hätten, erst mit den Vorder- und dann mit den Hinterpfoten die Oberkante des Tors berührte, sondern die Pforte in einem lang gestreckten Bogen berührungsfrei überquerte. Wir standen und staunten, weil es anders nicht ging.

Meistens lief alles bestens und bedurfte keiner großen Kontrollen, außer wenn Kessi, bei einem Sprung in der Diagonalen, in die Nähe einer quer zu seiner Flugrichtung aufgestellten Granitbank geriet. Ihr auszuweichen, war noch sein geringstes Problem. Die Hecke dahinter allerdings war für ihn nicht einsehbar, dafür aber auch nur halb so massiv. Ein, zwei Mal scheiterte er im Gestrüpp. Dann hatte er auch diesen Bogen raus.

Katzen sind Flieger, wenn auch nicht allzu oft auf diese unnachahmliche Weise. Immer auf dem Sprung, nach oben oder von oben herab. Der nach oben verläuft, hält man sich nur an die Gesetze der klassischen Mechanik, einigermaßen konventionell. Lediglich die immense Sprungkraft – aus dem Stand können sie das Fünffache ihrer Körperlänge überwinden – darf, in aller Unbeholfenheit, die sich einstellt, wenn man solcher Leistungen ansichtig wird, mit einigem Recht ein Alleinstellungsmerkmal genannt werden.

Katzen sind bei Bedarf außerdem schnelle, aber nicht sehr ausdauernde Läufer. Knochenbau und Muskulatur sind nahezu perfekt aufeinander abgestimmt. Ihr Erfinder, der große Evolutionär, hat ihnen, was das angeht, das für sie Beste gegeben. Als eine der wenigen von den Menschen domestizierten Tierarten sind sie imstande, auch ohne uns zu überleben. Aber das sollte man nicht weiter vertiefen, weil es unweigerlich zu der Frage führt, ob denn auch wir ohne sie durchkommen würden.

Die körperlichen Mittel, die dafür gebraucht werden, sind jeder gewöhnlichen Hauskatze noch eigen. Man erkennt das, auch wenn man im Umgang mit ihnen ungeübt ist, leicht an ihren vollkommen unterschiedlichen Verhaltensmustern draußen und drinnen. Sie sind entweder weg oder da, oder in einem Zustand dazwischen, nicht wirklich zu fassen.

Fällt eine Katze vom Himmel, geschieht das höchst selten auf die Art, mit der unsere Nachbarskatze Kessi sich ihre eigene Bühnenwelt schuf. Meistens verdankt sich der Flug der Katzen entweder klaren Absichten oder einem Malheur. Zu unbeabsichtigten Stürzen freilich kommt es nur selten. Ihr ausgeprägter Gleichgewichtssinn steht dem im Wege.

Mit dem Spott, der in dem auf die Katze gemünzten Wort DACHHASE steckt, kommt man deshalb nicht weit. Eine Katze, wenn sie erst einmal dort hinaufgestiegen ist, fällt nicht vom First. Sie lässt nur, in aller Souveränität, das Haus unter sich. Jeder Hoppelhase, der sich daran versuchte, läge schon tot auf dem Hof.

Leicht einzusehen ist auch, dass es sich bei Katzen nicht wirklich um Nutztiere handelt. Sie wurden in der Welt von Ackerbau und Viehzucht als Hofaufsicht in Dienst gestellt, zuständig für Vorratskammern und Scheunen. Keine in der Verwertungskette untere, sondern eine dezidiert mittlere Position. Das schafft ihnen, wie allen, denen der Aufstieg in den Mittelstand gelungen ist, einige Freiräume. Sie verstehen sich nicht als dienstbare Geister. Sie leben vielmehr ganz in der Nähe von dem, was wir Menschen nicht ganz so ausschweifend als Freizeit genießen. Arbeit, davon gibt es für andere mehr als genug.

ANATOMIE DER KATZE

Kessi, der fliegende Kater, lieferte ein Beispiel dafür. Mit immer einem Kunststück im Repertoire auf und davon. Aus ihrer Anatomie erwächst den Katzen die Fähigkeit, so gut wie immer auf die Füße zu fallen. Um dieses Vermögen gibt es viel Spekulation. Magie kommt ja stets dann ins Spiel, wenn Menschen sich mit Möglichkeiten konfrontiert sehen, über die sie nicht verfügen. Eine eben noch in Rückenlage abgestürzte Katze, die sich, in einer bei Verstand nicht nachvollziehbaren Drehbewegung ein einziges Mal windet, bevor sie, mit anfangs weit ausgestellten Pfoten, in sicherer Bauchlage aufkommt, das widerspricht, auf den ersten Blick, allen Gesetzen, die uns seit unserem Wechsel in den aufrechten Gang auferlegt sind.

Das Manöver gleicht, was Drehmoment, Flugbahnberechnung und Steuerung des freien Falls angeht, dem bei einem Fallschirmabsprung. Wer danach immer noch das Verlangen nach Magie verspürt, bringt gern den Schwanz als Höhen- und Seitenruder ins Spiel. Der ist dafür nur in den meisten Fällen zu dünn. Katzen sind keine Eichhörnchen. Sie streifen zwar wie diese von Baum zu Baum, aber nicht Ast über Ast. Sie legen auch keine Vorräte an. Dafür haben sie uns.

Was Kessi angeht, war mir schon, als er als winziger Kater in die Hand unseres Nachbarn passte wie dafür geschaffen, bald aufgefallen, dass er eine mir von irgendwoher schon bekannte Zeichnung führte. Der Fachbegriff TABBY gilt für alle nicht einfarbigen oder lediglich mit Weiß als zusätzlicher Farbe unter uns lebenden Katzen. Kessi trug ein eher gestromtes als getigertes Rot mit einem dem Verlauf der Wirbelsäule folgenden dunkleren Strich und seitlich am Körper sich unregelmäßig verbreiternden Streifen.

Gestromte Katzen sind klassische Bauernkatzen, mit einem wie ein Schmetterling wirkenden Muster auf ihren Schultern und einem klar abgegrenzt weißen oder von Einsprengseln ihrer Grundfarbe umschlossenen Brustfleck. Für unsere Nachbarn mit ihrer Mäuse anlockenden Nebenerwerbslandwirtschaft schien Kessi wie geschaffen. Nach anfänglichen Auseinandersetzungen mit Vorhängen, die er für Jagdbeute hielt, verrichtete er so zuverlässig wie elegant seine Aufgaben.

Es sollte einige Zeit dauern, bis ich mich erinnerte, woher ich dieses, wenn ich es recht überlege, wohl doch eher getigerte als gestromte Fellmuster kannte. Ich stand vor der Haustür, Kessi flog auf seine gewohnte, berührungslose Weise an mir vorbei. Ich begriff, dass ein solches Katzenleben auch ganz anders ausgehen konnte.

Ich war schon einmal, ein paar Jahrzehnte lag das zurück, einem getigerten Stromer von seinem Zuschnitt begegnet. Die Details, das Schmetterlingsbild, der dem Buchstaben M gleichende Stirnfleck und die seitlich von den Flanken abfallenden Streifen hätte ich mir auch aus jeder Lehrtafel heraussuchen können. Dass sie sich mir schon eingeprägt hatten, bevor ich auch nur ein einziges Katzenbuch kannte, hatte mit der Größe von einem mir in ferner Vergangenheit bereits abhanden gekommenen Vorläufer von Kessi zu tun. Er war, so deutlich stand er mir jetzt wieder vor Augen, ein Kater, der, seine Leibesfülle ließ anderes nicht zu, in kein Bilderbuch passte.

Ich habe heute keine Vorstellung mehr davon, welchen Namen er trug. Ihren eigenen geben Katzen bekanntermaßen nicht preis. Die, die wir ihnen zuschreiben, taugen nicht immer sehr viel. Sie werden fast alle auf irgendeine Weise aus dem Reich der Niedlichkeit in unsere dafür nicht geschaffene Lebensumwelt geholt oder zeugen auf andere Weise von ihnen angetaner Respektlosigkeit.

Ein Kollege vom Schweizer Fernsehen, dem ich einmal in Berlin begegnete, hatte seinen in einer Charlottenburger Wohnung mit ihm ansässig gewordenen Katzen allen Ernstes die Namen EBOLA und LASSA verpasst. TINITUS und TETANUS, gestand er dann auch noch ein, wären aus seiner Sicht eine denkbare Alternative gewesen. BASEDOW und BECHTEREW, meinen Gegenvorschlag, ebenfalls in Erwägung zu ziehen, fiel ihm nicht schwer.

Worte, für sich genommen, von einigem Wohlklang, wären nicht die Krankheitsbilder so furchterregend, die wir mit ihnen verbinden. Der Kater, von dem hier zu berichten ist, weil mir Kessi als ein ihm in jeder Hinsicht überlegener, aber auf eine vertrackte Weise auch anverwandter Wiedergänger erschien, war, an solchen Verirrungen gemessen, Geschöpf und Krankheitsbild in einem. Er lebte auf eine im Wortsinn so schwer wiegende Weise für sich in nur ihm vertrauter Umgebung, dass ihm kein Fortkommen mehr gelingen wollte. Er passte nicht nur in kein Bilderbuch. Es gab auch kein Lehrbuch, das sich seiner hätte annehmen können. Dabei grenzte, was er verkörperte, an ein tiermedizinisches Wunder.

TREPPAUF, TREPPAB

Die Spur, die es jetzt aufzunehmen gilt, führt in die späten Fünfzigerjahre des 20. Jahrhunderts zurück. Ich verkehrte, religiöser Neigungen wegen, die sich bei mir nicht im gewünschten Maß ausprägen wollten, mit meinen Eltern und Großeltern in verschiedenen Schank- und Esslokalen, deren Saalanbauten, vor allem weil mein Vater über eine bemerkenswerte Begabung dafür verfügte, sich unter der Hand in das verwandelten, was man heute als ein Besucherzentrum für Schauplätze der biblischen Geschichte ausweisen würde. Er predigte an solchen Orten, mit viel Sinn für Gottes Größe und etwas weniger Gespür für die Erde unter unseren Füßen.

Es wimmelt in der Bibel nicht gerade von Katzen, und wenn, dann sagen die Apostel und Propheten ihnen eher Abträgliches nach. Nur Löwen streifen dort hin und wieder über die Seiten. Von Löwengruben freilich, dem Sturz in solche und der wundersamen Errettung aus diesen wird man einfach nicht satt. Der Herr, kommt dazu, rettet einen sowieso nie aus misslicher Lage. Man muss sich schon selber etwas einfallen lassen, wenn man unter Raubzeug von biblischem Ausmaß gerät.

In einem der Etablissements, die wir aufsuchten, in der Restauration Burghof in der Nachbarstadt Selb, mit zur Faschingszeit von den Decken hängenden, glitzernden Scherenschnitten, die entweder lasziv lockende Weibsteufel zeigten oder pechschwarz auf dem Sprung liegende Katzensilhouetten, deren Haltung für das Nämliche stand, gab es einen unglaublich fetten und gefräßigen Kater, der sein Leben mit den Abfällen aus der Hausschlachtung ruinierte. Ich war seiner zum ersten Mal an einem wässrigen Sonntagnachmittag ansichtig geworden, der einfach nicht vergehen wollte, all der Löwen wegen und der Wüsteneien, deren Anblick die Kinder Israel stets so sehr verwirrte wie mich.

Was die Hausschlachtung anging, hatte die Wirtschaft ihre eigenen Qualitäten, von denen man, wie ich vermutete, in Israel nicht sehr viel wusste. Wir speisten vorzüglich, dienten dabei unserem Gott, indem wir uns seine Worte auslegen ließen, die Erwachsenen tranken Bier und uns wurden überzuckerte, aromatisierte Limonaden kredenzt, die immer ein wenig neutestamentarisch auf mich wirkten. Bei der Hochzeit von Kanaan, stellte ich mir vor, war den Kindern auch zuerst irgendein lokaler Sauerbrunnen und dann der wie ein Wunder auf die Feiernden gekommene König-Otto-Sprudel aus dem oberpfälzischen Marktflecken Wiesau gereicht worden.

Egal wie bußfertig einen das machte, einer wie ich musste nach einer solchen Wasserkur irgendwann raus. Man nehme, so sehe ich das heute, ein junges, unschuldiges, leidlich hübsch gezeichnetes Katzentier, schenke ihm in einem Gasthof mit angeschlossener Metzgerei das Leben, das dort für eine Katze nur wartet, und schlage sich danach als Metzger, Mensch, Katzenhalter und Wirt mit einem unangemessenen

Hang zur Nachgiebigkeit durch die Tage und Jahre, bis es Zeit wird, die Bilanz aufzumachen.

Von dem Kater her besehen, der so um das Jahr 1955 im Lokal Burghof eingestellt worden sein muss, ging das so aus: Man hat ihn, meiner drängenden und nie nachlassenden Fragen wegen, an einem weiteren dieser wässrigen Julisonntage im Jahr 1959 tatsächlich auf die geeichte, mit eisernen Gewichten austarierte Fleischwaage eher gelegt als gesetzt und bei dieser denkwürdigen Aktion ein Lebendgewicht von 15,6 Kilo gemessen.

Fünfzehn ein Kilogramm schwere, flaschenförmig gezogene eiserne Reiter, ein rostfleckiges Fünfhundert-Gramm-Gewicht und eine, die zu verhandelnde Angelegenheit auch nicht mehr erleichternde Maßeinheit von einhundert Gramm, aus Messing getrieben: Der Kater, auf dem Wiegebrett regelrecht zum Erliegen gekommen, steht mir nur noch seines rötlichen, gestromten Fells wegen vor Augen, das allerdings keinen Katzenkörper umschloss, sondern nur noch eine aus dem Handwerksbetrieb, in dem er lebte, hervorgegangene Fett- und Fleischmasse verdeckte.

Kopf und Hals hatten jede eigene Kontur eingebüßt. Der Schwanz war unter die ausladenden, in jeder Hinsicht entgrenzten Flanken geraten. Irgendwo mussten, sehr versteckt, Füße, wenn nicht stützen, so wenigstens in der Fläche sichern, worum es ging. Es kam, das ließ sich nicht übersehen, nicht darauf an, ob dieses Tier auf einem Wiegebrett lebte oder an einem anderen nicht für es geschaffenen Ort. Gestromt oder getigert, das war eine Frage, so müßig wie die, ob geschüttelt oder gerührt.

KEIN DAVONKOMMEN

Die Schwerkraft war sein größtes Problem. Wenn ich die Augen schließe, sehe ich ihn, wie er sich vergeblich auf den Granitstufen der Treppe gleich links vom Eingang ins Lokal nach oben bemüht. Sein Körper scheint ohne Widerstand und gegen jede Anstrengung, die er unternimmt, über die Stufen immer wieder nach unten zu fließen, wie schieres Fett, wenn es in einer Pfanne zerläuft. Jeder seiner Wege endete in solcher Vergeblichkeit mit einem schmatzenden Geräusch vor der Küchentür der Wirtschaft, wo er sich mit weiteren Schlachtabfällen für weitere vor ihm liegende Aufgaben stärkte. Kater Sisyphos war, bei allem Respekt, den er verdiente, kein wirklich glückliches Tier.

Nimmt man den Sisyphos aus der griechischen Mythologie nur bei dem, was sich über ihn in unseren Köpfen festgesetzt hat, wäre zu dem Kater, der sich auf den Treppen einer Schankwirtschaft in Selb in der Kunst der Vergeblichkeit übte, fast schon alles gesagt. Schaut man sich aber zu der Geschichte vom antiken Helden, dem es auferlegt ist, ohne Aussicht auf Erfolg einen Felsblock über einen Hügel zu stoßen, auch die Vorgeschichte an, fällt auf den in der Kunst der Beseitigung von Schlachtabfällen versierten Kater noch ein anderes Licht.

Sisyphos hatte ja, bevor die Götter ihn straften, schon den von Zeus auf ihn angesetzten Thanatos, den Tod höchstselbst, betrunken gemacht und in Fesseln gelegt. Am Ende sorgte Ares, der Gott des Krieges, dem es sehr missfiel, dass auf seinen Schlachtfeldern keine Menschen mehr starben, dafür, dass den Sisyphos seine für die Ewigkeit gedachte Strafe ereilte. Ewiges Leben, in der Unterwelt, mit einem nicht über den Berg zu kriegenden Felsbrocken vor einem: Was für ein vergiftetes Göttergeschenk!

Von dem mit der Schwerkraft ringenden Kater aus Selb her besehen, den es ganz gegen das eigene Ermessen nicht den Berg hinauf, sondern treppab ein ums andere Mal in die von seiner Fleischeslust durchdrungene Unterwelt zog, führt auch diese Geschichte zu einer Leben und Tod ineinander verschränkenden Pointe. Auch Kater Sisyphos, der, entgegen allen Prognosen, ein respektables Alter erreichte, hat Thanatos ja durchaus ein Schnippchen geschlagen. Er entschied sich für seinen eigenen, nicht immer leicht zu bewältigenden Weg, der ihn, immerhin, davor bewahrte, vor eines der damals noch nicht ganz so zahlreichen, aber schon so schwer wie heute auszurechnenden Autos zu laufen. Er blieb einfach am Leben, vorausgesetzt natürlich, dass ein solches Leben diese Bezeichnung verdient.

Kessi flog. Sisyphos floss. Das wäre die ganze Geschichte, käme da am Ende nicht noch einer ins Spiel. Einer, in dem man beide erkennt.

Noch ein Kater, faul und gefräßig, einerseits. Zu den erstaunlichsten Kunststücken aufgelegt aber auch. Vorhänge inklusive, derer man sich, wenn nichts anderes greifbar ist, als Jagdbeute schon mal annehmen kann. Es gibt, selbst wenn gelegentlich anderes behauptet wird, keinen Grundzug im Wesen der Katzen, der sie in ihrer manchmal vorhandenen Neigung bestärkt, für ein wenig Verwüstung zu sorgen. Letztlich läuft es nur auf gelegentlich zur Schau gestellten Unmut über die eigenen, nicht ganz überschauten Lebensumstände hinaus.

Dieser dritte im Bunde ist zwar nicht ganz von dieser Welt. Das lässt sich schon daran ablesen, dass er, anders als die meisten Katzen, die mit uns leben, über ein exakt beziffertes Geburtsdatum verfügt: 19. Juni 1978. Sisyphos war an dem Tag schon Geschichte. Kessi noch nicht einmal ein Entwurf. Entscheidend ist, was diesen Vorzeigekater angeht, das Fell hinter seinen Ohren. Es ist die nämliche Zeichnung, RED TABBY, eher getigert als konturarm gestromt, was in seinem Fall freilich kaum hilft. Sein Halter, Jon Arbuckle, wird ihn, nach erster Inaugenscheinnahme, als orangefarbenen Speckkloß mit Streifen bezeichnen. Das hat er der Tierärztin einmal tatsächlich gesagt.

Der Kater dieses Zuschnitts, GARFIELD, eine Comicfigur mit einem Anfangsgewicht von zwei Kilogramm und fünfhundert Gramm, wurde geboren in Mama Leone's Italian Restaurant. Das ist, am Burghof in Selb gemessen, eine Adresse mit noblerem Klang. Appetitzügler hätten am einen wie am andern Ort keinem geholfen.

Garfield hat, in einem ersten, hoheitlichen Akt, sämtliche Lasagne-Vorräte des Lokals verputzt und schaut seit diesem Tag Thanatos, dem Totengott, so ungeniert wie Sisyphos und nach diesem der Kater Sisyphos in die Augen. Du, scheint er zu sagen, wirst mich nicht kriegen, außer an einem Montag vielleicht. Montage, das sind die Tage, an denen Garfield die seltsamsten Dinge zustoßen können.

Nimmt man jeden der drei, um die es hier geht, für das, was sie nur sein konnten, läuft alles auf diesen Dreisatz hinaus: Kessi, der biegsam Schwebende, absolvierte sein kurzes Leben im Flug, bis er, eher Lebensunglück als Künstlerpech, unter einen Lastwagen geriet. Sisyphos, das Schwergewicht, floss, wie sein Leben ereignisarm mit ihm verfloss. Garfield fraß, und frisst weiter, weil der Tod mit Kunstfiguren noch mehr Mühe hat als mit lebenden Wesen. Die Wahrscheinlichkeit, dass Thanatos nach ausschweifendem Genuss von Lasagne, Grappa und mit Rum bekleckertem Tiramisu mal wieder aufgeben muss, liegt bei ihm sehr hoch. Endlichkeit ist, bei Katzen wie bei Menschen, eine widerständige Handlung.

Lassen wir, am Ende dieser Geschichte, die Tierärzte warnen. Fettleibigkeit, sagen sie, kann auch bei Katzen nur Schaden anrichten. Schlank, mischt sich Kessi ein, stirbt man auch. Abwärts, gibt Sisyphos zu bedenken, geht es doch immer. Her mit dem Fraß und bloß nicht drüber reden, tönt es aus Garfields Couchecke herüber. Dafür, dass das gesagt werden durfte, musste ihn Jim Davis, sein Schöpfer, eigens erfinden. Eine eigene Katze hatte er nie. Seine Frau war allergisch dagegen.

Tierärzte haben es, wo sie sich als Aufklärer verstehen, wirklich nicht leicht. Einerseits erzählen all die Broschüren und Handreichungen in ihren Wartezimmern von nichts anderem als von dem, was Katzen und Hunden und in Freiheit gelangten Käfigvögeln alles zustoßen kann. Andererseits sind sie auch ganz froh, wenn es tatsächlich dazu kommt. Ein bisschen ähneln sie darin dem Schöpfer, der die ganze Klientel, mit der sie sich abplagen müssen, in die Welt gesetzt haben soll. Vor Löwengruben wird gewarnt. Kaum hat man die Botschaft, die von ihnen ausgeht, verstanden, und schon sitzt man drin.

Als im Mai 2012 Meow aus Santa Fe, New Mexico, das Zeitliche segnete, fiel wenigstens die Diagnose eindeutig aus: Lungenversagen. Geschadet hatte dem Kater, von seinem Ende her besehen, offenkundig der Versuch, ihn von ein paar Kilogramm seines Gewichts zu befreien. Von einem einzigen, genau genommen, denn er hatte, vor seiner diätetischen

Überversorgung, achtzehn gewogen. Siebzehn waren, in seinem Fall, exakt eines zu wenig.

Ein Tier wie ein Fleck oder Flokati, mit einem Kopf, dessen Volumen für ein ausgewachsenes Kätzchen gereicht hätte, wäre nur, an seiner Seite, noch genügend Platz dafür gewesen. Selbst für die Plackerei eines Sisyphos nicht mehr gerüstet. Die Schwerkraft ringt uns nieder, so sah es aus. Der Tod holt sich den Rest. »Man muss sich«, heißt es bei Albert Camus, »Sisyphos als einen glücklichen Menschen vorstellen.« Katzen, in ihrer Gewichtsklasse, haben damit je nach Volumen oder Flugtauglichkeit ihre eigene Plage.

GEIST & DUNKELHEIT
UNTER FRESSFEINDEN

HIC SUNT LEONES

In einem halb im Sand versunkenen Zoo in der Nähe von Nefta, am Rand des Chott el Djerid in Tunesien, bekam ich es zum ersten Mal mit einem ausgewachsenen Löwen zu tun. Ich hatte mir eigentlich einen anderen anschauen wollen, ein junges, wie paralysiert wirkendes Tier, das in einem von der Sonne über dem Salzsee regelrecht ins Glühen versetzten Stahlkäfig steckte. An den Stäben hingen Fleischreste, so ausgedörrt, dass selbst Maden in ihnen keine Überlebenschance hatten.

Der Löwe, betäubt von der Hitze und den Luftspiegelungen, schien keiner Wahrnehmung fähig. Immer dann freilich, wenn ich ihn fixierte, warf auch er ein Auge auf mich. Ein konsequent nach außen gerichteter, wenn auch hin und wieder wie mit einem Wimpernschlag verhangener Blick. Es gab, von mir abgesehen, auch nicht sehr viel zu schauen für ihn.

Dieser erbärmliche Zoo war eine Anlage für Touristen, von denen nicht sehr viele kamen. Der Salzsee ist einer der trockensten und heißesten Orte auf der Erde. Ein Hitzschlagbezirk im Sommer und im Winter und Frühjahr eine Region, in der Ertrinken, nach heftigen, die Sintflut in Erinnerung rufenden Regenfällen zu den häufigeren Todesursachen zählt.

Die Oasen an seinem Rand sind bezaubernde, von stillen Wassern gespeiste Rückzugsorte für Menschen, Dattelpalmen, ein paar eher deplaziert wirkende Kamele und erstaunlich viele, vom Süden herauf in die Nacht hinein heulende Hunde. Eine von Sternenlicht überstrahlte Wüsten-Symphonie mit einem Grundton, der leicht vergessen macht, dass sich dort alle eigentlich in permanenter Lebensgefahr befinden.

Ich starrte auf den Löwen. Der Löwe starrte auf mich. Von irgendwelchen Wärtern war weit und breit nichts zu sehen. In dem Käfig fehlte ein Wassertrog, ein Gefäß von egal welcher Beschaffenheit, das dem Löwen die Flüssigkeit hätte zurückgeben können, die er gerade verlor. Es war eben ein lausiger Zoo. Einer, der Löwen nicht nur ihres Ansehens beraubte, sondern ihnen auch noch die Überlebensfähigkeit nahm.

Ich tastete mich, mit Sandalen an den Füßen, ein paar Schritte zurück. Der Löwe, auf den ich schaute, schien dadurch größer zu werden. Das konnte nur daran liegen, dass ich ihn in seinem vollen Umfang wahrzunehmen begann, gleichsam aus den Gitterstäben, die ihn umschlossen, heraus gezoomt. Er steckte in dieser Löwenhaltung mit ausgestreckten Vorderpfoten und einer halb offenen Flanke, die den Tieren gern als Herrscherpose nachgesagt wird. Dabei geht es ihnen nur darum, in solcher Wüstenei nicht auch noch die eigene Körperwärme nach innen vordringen zu lassen.

Nach noch ein paar Schritten rückwärts spürte ich Widerstand an meinen Fersen. Ein paar ausgebleichte, von Wind und Salz zerfressene Sparren steckten im Sand. Kaum kniehoch, gekrümmt und nicht wirklich miteinander verbunden. Ein irgendwie symbolisch wirkender Zaun, mit gelbem, manchmal von grauem Staub marmorierten Sand davor, ein Gebilde, dessen einstiger Zweck sich mir nicht erschloss. Der Fehler, den ich so beging, hätte größer nicht sein können.

Ich riskierte noch einen Schritt, der mich augenblicklich in die Betäubung versetzte, die man schon dem Löwen mir gegenüber angetan hatte. Mein rechter Fuß stieß an ein, was seine Farbe anging, dem Wüstensand ebenbürtiges Objekt, das sich freilich kein bisschen nachgiebig zeigte. Ihm fehlte die körnige, rinnende Struktur des Sandes. Mein Fuß, begriff ich, stieß in diesem Augenblick nicht an einen Stein.

Der Sache näher auf den Grund zu gehen, blieb mir danach keine

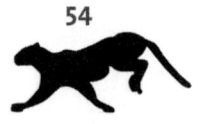

Zeit. Ich hatte meinen schon gefunden, mit einem einzigen Schritt, bei all der Langsamkeit meiner Bewegungen letztlich doch übereilt. Den einen Löwen im Auge, war ich, einen Zaun missachtend, der nicht wie ein solcher aussah, in den Käfig des nächsten getreten.

Das Tier war, zu meinem Glück, steinalt und auf eine wirklich undurchsichtige Weise mit der Wüste verschmolzen. Mein Fuß steckte zwischen seinen Vorderläufen, direkt vor seinem Maul. Meine Zehen berührten die eine Pranke. Die Ferse glitt gerade von der anderen zurück in den Sand. Der Löwe mir gegenüber staunte kein bisschen. Er hatte mit so viel Ahnungslosigkeit wahrscheinlich nicht gerechnet.

Was tun, war nicht die Frage, der ich mich hier aussetzen sollte. Entscheidend konnte nur sein, wie es um seine Reaktionen bestellt war. Ein paar Minuten verharrten wir in dieser unentschiedenen Position. Dann war klar, dass auf das eine Malheur, in das ich mich manövriert hatte, kein weiteres folgen würde.

Dem Löwen, auf dem ich stand, war jeder Lebensmut abhanden gekommen. Ein abgedankter Herrscher in einem Sandbezirk, über den man sich nicht einmal mehr Geschichten erzählte. Sämtlicher Zähne entledigt und seiner Jagdlust entbunden. Vielleicht hatte ich, als ich meinen Fuß behutsam aus den Löwenpranken zog, aber auch nur Glück. Löwen jagen nach Einbruch der Dunkelheit oder in den kühlen Stunden des Morgens. In der Hitze des Nachmittags nehmen sie von ihren Fressfeinden keine Notiz. Sie drücken in Zeiten der Ruhe das eine Auge zu und halten selbst das andere nicht wirklich offen.

Dass er nicht brüllte, keine Kralle ausfuhr, keinen Prankenschlag wagte und nicht einmal mit dem Schweif wedelte, hatte wahrscheinlich nicht nur mit seinem Alter zu tun. Solches Gebaren gehört nicht zum Repertoire eines Zootiers, das sich noch im Angesicht seines Vergehens von einem Zirkustier unterscheidet. Nur die letzteren wollen einem, weil es so in den für sie geschriebenen Drehbüchern steht, vormachen, dass draußen wie drinnen immer die Löwen los sind.

DIE UNSICHTBAREN

Am Morgen des Tages, an dem ich an meinen in den Sand gesetzten Löwen geriet, war ich vor dem Bahnhof von Bir Bou Rekba einer aus den Hotelburgen von Hammamet oder Nabeul angereisten Touristengruppe über den Weg gelaufen, die an ein paar direkt neben den Gleisen aufgestellten Plastiktischen mit Zitronenhühnchen abgespeist wurde. Der Zug hinunter nach Gabès, hatte man ihnen gesagt, werde in ein oder zwei Stunden eintreffen. Tunesische Eisenbahner verstehen sich darauf, Botschaften dieser Art so formvollendet weiter zu geben, dass man sich augenblicklich darauf einlässt, ein Zitronenhuhn am frühen, noch halbwegs kühlen Morgen für den gelungenen Auftakt einer langen Bahnfahrt im Windschatten der Küstenlinie der Kleinen Syrte zu halten.

Ich hatte mir im Bahnhofsgebäude zwei mit Harissa gewürzte Thunfisch-Sandwiches zustecken lassen und wartete auf den Geländewagen, der mich nach Tozeur und von dort in die Oasen des Bled el Djerid bringen sollte.

Bevor in diesem Teil Afrikas Eisenbahnen gebaut, Hotels errichtet und Tiergehege angelegt wurden, war auch die Gegend um den Chott, so gut wie der gesamte Kontinent, Löwengebiet. Der Siedlungsraum des PANTHERA LEO erstreckte sich bis nach Griechenland und in die Türkei, dehnte sich hinauf zum Kaukasus, umschloss die Arabische Halbinsel und schlug einen Bogen über Persien und den Hindukusch zur Südspitze Indiens hinunter. Italien, Frankreich und Spanien gelten als mutmaßliche weitere Verbreitungsgebiete. Lediglich als Wappentier, wie in anderen, nie von Löwen betretenen europäischen Ländern, hält die Spezies dort heute noch die Stellung.

Ich versuchte der Schärfe der Thunfischpaste mit brühwarmem Mineralwasser beizukommen, was nicht gelang. Die Touristen waren gegangen, wohin auch immer, ihr Zug nirgends in Sicht. Die Wüste, auch wenn man einen Bahnhof in sie hinein gestellt hatte, schien leer. Dann kamen die Katzen. Das bisschen Vegetation am Rand der Gleise, über das man mühelos hinweg schauen konnte, hatte augenscheinlich für die Vorbereitungen zu ihrem ganz großen Auftritt genügt. Auf den Tischen lagen noch, sorgfältig an die Tellerränder geschoben, Fleischreste und Knochen von dem, was vorher als Zitronenhühnchen serviert worden war. Jetzt saßen *sie* dort, mit vergleichbarer Hingabe, beim Mahl.

Löwenmäulchen, so schauten sie drein, mit ein paar Zähnen zu wenig im Maul. So ein ausgewachsener Löwe, mit wenigstens hundertfünfzig Kilogramm oder, wenn es bös kommt, nahezu der doppelten Schwere, schleppt sich ja seinerseits nicht gerade wie ein Tänzer auf leichtem Fuß durch die Wüste. Vielleicht haben die Katzen, als sie mit den Menschen anbandelten, auch aus dem Grund ein wenig von ihrem Stammgewicht eingebüßt und sind darüber geschickter geworden.

Von irgendwoher tauchten die Touristen dann doch wieder auf. Sie hatten sich im Schatten des Bahnhofsgebäudes aufgehalten und aus dem Glockenschlag des Läutwerks, das das Herannahen eines Zuges ankündigte, die richtigen Schlüsse gezogen. Der Tag würde so maghrebinisch verwischt, wie er begonnen hatte, seine Fortsetzung finden. Die Katzen verschwanden von der Bildfläche, die sie gerade noch ausgefüllt hatten. Sie durften sich bald, mit Ankunft des nächsten Zuges, auf die nämliche Weise wieder bereichern.

HIER SIND DIE LÖWEN

Beim Eisenbahnbau auf dem afrikanischen Kontinent haben die Löwen, wenigstens einmal, eine denkwürdige, dem ihnen zugeschriebenen Wesen annähernd gerecht gewordene Rolle gespielt. Sie waren zu zweit, am Tsavo River in Britisch Ostafrika, dem heutigen Kenia, im Jahr 1898, und das ist schon der Anfang einer wirklich großen Geschichte.

Zwei Löwen, ein Ingenieur, eine Schar von Arbeitern und eine Brücke, deren Vollendung, der Löwen wegen, die augenscheinlich etwas gegen die Eisenbahn hatten, nicht gelingen wollte. DIE MENSCHENFRESSER VOM TSAVO, wie man sie später nennen wird, hatten ihre eigene Vorstellung davon, was sie in ihrem angestammten Revier zulassen sollten. Bis zur ersten Zugfahrt von Mombasa nach Kisumu am Viktoriasee sollte es dauern.

Wer sich mit Löwen und vor allem mit dem Zusammenleben von Löwen befasst, tut gut daran, Bernard Grzimeks *Serengeti darf nicht sterben* für das zu halten, was dieser Film nur sein kann: eine Soap Opera mit einer Patchwork-Katzensippe im Zentrum des Geschehens, die sich, weil die Regie das so wollte, die Steppe als Lebensraum für das von ihr aufgeführte Kolportagestück ausgesucht hat. Ein ganz neues Löwenbild, mit umsichtig im Verbund agierenden Tieren, gesteuert von einer wie von Gewerkschafts-Funktionären für sie entworfenen Sozialdisziplin. Ihre Gagen haben sie wahrscheinlich in Tarifrunden erstritten.

Richtig daran ist, dass es sich beim PANTHERA LEO um die einzige gesellig lebende, zur Rudelbildung neigende Katzenart handelt. Sie jagen gemeinsam, bilden Hierarchien aus, deren Regeln auf einem Generationenmodell fußen, leben in klarer Geschlechtertrennung und treffen Verabredungen über eine gemeinsame Nachwuchsbetreuung. Übersteigt die Population eine kritische Größe, greifen sie zum Mittel der Selektion, Todesbiss inklusive. Nicht jedes Jungtier ist wirklich willkommen. Urteile, die solche Maßnahmen notwendig machen, werden instinktiv, aber meistens in gegenseitigem Einvernehmen getroffen.

Auch die Jagd betreiben sie im Verbund, mit einem männlichen Mähnenlöwen an der Spitze, der sich dafür nicht übers Maß verausgabt. Beim Verzehr der Beute dafür umso mehr. Das liegt, wie man mittlerweile weiß, nicht an einem ihm eigenen Hang zur Trägheit, sondern an einer ausgeklügelten Kräfteökonomie. Er wird, zu einem späteren Zeitpunkt, sich wieder der Junglöwen erwehren müssen, die ihm seine Position bei den Weibchen wie beim Jagdgeschehen abspenstig zu machen versuchen. Irgendwann, auch das ahnt er schon, ist es für ihn damit vorbei. Ein Zoo, für einen komfortablen Abgang, winkt in den wenigsten Fällen.

Die Mär vom König der Wüste rührt vor allem daher, dass bei dem, was die Organisation von Löwenrudeln ausmacht, nie genau hingeschaut wurde. Man hat dem Mähnenlöwen das Prädikat fett und faul angehängt, weil es auch nach dieser Lesart so prächtig für einen Vergleich mit den zahlreichen Herrschern in der Menschenwelt taugte. In der Löwengesellschaft dagegen geht es, je nach Beuteschema und Ertragslage, um sowohl dynamisches Fortkommen als auch das Verlangen nach Festigkeit in der Gemeinschaft. Ein Schwebezustand ohne Garantie für die Balance. Der Tisch in freier Wildbahn ist selten so gut und regelmäßig gedeckt wie die Katzentische am Bahnhof von Bir Bou Rekba.

Für Bernhard Grzimek war der Serengeti ein Upgrade, ein Zoo, einiges größer als der, den er schon kannte. Großes Katzenkino. Was sich jenseits vom Set abspielte, folgte dann aber anderen Regeln.

Der Serengeti National Park und die Ngorongoro Conservation Area am Rand eines Einbruchkraters, der noch heute die höchste Raubtierdichte Afrikas aufweist, werden vom Kilimandscharo-Massiv gegen die nordöstlich davon liegende, auf dem Territorium von Kenia liegende Tsavo Region abgeriegelt. Der Tsavo River entspringt an der im Regenschatten liegenden Nordflanke des Bergs. Weil er permanent Wasser führt, bildete er kein unüberwindliches, aber doch ein beträchtliches Hindernis beim Bau der Uganda-Bahn. Im März 1898 trifft John Henry Patterson, Ingenieur, Jäger und Abenteurer im Rang eines Lieutenant-Colonel der British Army, in Mombasa ein. Im Auftrag der BRITISH EAST AFRICA COMPANY soll er den Bau einer Brücke über den Tsavo leiten.

Es vergehen nur wenige Tage, und die Angelegenheit nimmt eine überraschende Wendung. Zwei Arbeiter verschwinden. Zwei Löwen werden gesichtet. Patterson schenkt den Geschichten, die man sich dazu erzählt, zunächst keinen Glauben. Bis, drei Wochen nach seiner Ankunft, ein Löwe sich vor einem Zelt voller Arbeiter direkt neben den schon fertiggestellten Gleisen festsetzt. Nach Mitternacht, als die Wachsamkeit der Insassen nachlässt, dringt er ins Innere vor. Ungan Singh, ein Sikh und enger Vertrauter Pattersons, gerät in die Rolle eines Opfers, das sich das Tier regelrecht ausgesucht haben muss. Es zerrt ihn, nach einem kurzen, für Singh aussichtslosen Ringen ins Freie und zerfleischt ihn vor den Augen der verstörten Zeltbewohner.

Mit der Jagd in der Gruppe, von der man am Tsavo River eigentlich ausgehen durfte, war es in diesem Fall nicht weit her. Ein Einzeltäter, der dem versierten Patterson mehr als ein Rätsel aufgeben sollte. Noch ein zweiter Löwe stellte sich ein. Manchmal wurden beide gesichtet. Meistens riss nur einer die Menschen im Lager. Patterson legte sich auf die Lauer, bestens bewaffnet. Ein Jäger, dem bald klar wurde, dass er sich in der nicht sonderlich komfortablen Rolle eines Gejagten befand. Bis an die Zähne bewaffnet und auch sonst bestens gerüstet. Nur erwuchs ihm kein Nutzen daraus. Die Löwen verstanden sich auf eine jeden Menschen, der sich in ihrer Nähe aufhielt, in permanente Lebensgefahr versetzende Technik der Unsichtbarkeit.

Patterson muss lernen, dass bei diesen Löwen die simpelsten Jagdtricks nicht mehr verfangen. Eine Ziege, an einen Pflock gebunden, der Jäger darüber, mit der Flinte im Baum. Die Löwen holen sich stattdessen, an einem ganz anderen Ort, einen weiteren Eisenbahnarbeiter. Sie beanspruchen ein Gebiet von acht Meilen am einen wie am anderen Ufer des Tsavo für sich. Die Brückenbauer befinden sich mitten in einem Krieg. Waffengleichheit ist für diesen Waffengang nicht zu haben. Es vergeht, über einen Zeitraum von neun Monaten, kaum eine Nacht ohne Verluste. Selbst Güterwaggons werden zum Angriffsziel, wenn sich in ihnen etwas bewegt.

DER ERSTE SCHUSS

John Henry Patterson beschreibt in seinem 1907 erschienenen, auch heute noch lesenswerten Buch *The Man-Eaters of Tsavo*, wie gleich zwei Dinge eine unerträgliche Spannung im Lager der Brückenbauer aufkommen ließen: Abwesenheit und Stille. Die Löwen kamen nicht aus der sichtbaren Welt, und sie bewegten sich nicht in der hörbaren Welt. Der Kontrast zwischen der technischen, die westliche Zivilisation in den Osten Afrikas vorantreibenden Anstrengung und der jeder Wahrnehmung entzogenen, biologisch kodierten Todesmaschinerie, als deren Vollstrecker die Löwen auftraten, hätte nicht krasser ausfallen können.

Selbst der Satz *Hic sunt leones* traf auf sie nicht wirklich zu. Sie waren gleichermaßen nicht greifbar und allgegenwärtig. Obwohl in der Savanne, anders als in Wüsten, Luftspiegelungen nicht in vergleichbarer Intensität auftreten, schienen sie Teil einer solchen zu sein. Gespenster,

die abzuwehren sich ein ums andere Mal als unmöglich erwies. GEIST &
DUNKELHEIT, mit diesen Namen versuchten die eingeborenen Arbeiter an der Brücke sie so weit zu bannen, wie sich das einrichten ließ. Ein
Spuk, aber mit Zähnen und Klauen bewehrt. In Maurice Maeterlincks
1908 erschienenem Märchenspiel *Der blaue Vogel* findet sich ein von einer Katze ausgesprochener, dieses Verhaltensmuster fast programma-
tisch umschreibender Satz: »Ich weiß, Mutter Nacht, die Zeiten sind
schlecht, und wir beide sind fast die einzigen, die den Kampf gegen den
Menschen noch fortführen.«

Patterson beschreibt das Geschehen, in der Rückschau, natürlich mit
allen Vernunftgründen auf seiner Seite. Unbeeindruckt ließ es ihn nicht.
Dafür war ihm und dem Anliegen, das er verfolgte, zu viel von ihnen angetan worden. Dass es einem Löwenpaar gelingt, den Bau einer Eisen-
bahnbrücke um nahezu ein Jahr zu verzögern, hat seinen festen Platz in
der Technikhistorie. Nicht in der Art von *Die Natur schlägt zurück*. Dafür gibt die Geschichte nichts her. Die stimmigsten Erklärungsversuche
haben weniger etwas mit dem Verhalten der Löwen und sehr viel mehr
mit dem diesem vorausgegangenen menschlichen Verhalten zu tun.

Beim Eisenbahnbau handelt es sich, auf seine Weise und erst recht
in den von Europäern besetzten Kolonialregionen, ebenfalls um eine
Todesmaschinerie. Menschliche Arbeitskräfte sind billig, jederzeit aus-
tauschbar, ein Wegwerfprodukt. Sie agieren in hierarchisch gegliederten
Rudeln. Ganz oben die Briten, danach die ihnen ergebenen, als Vorar-
beiter und Hilfsingenieure verpflichteten Inder. Auf die Exemplare am
unteren Ende, die Ortskräfte, kommt es am wenigsten an. Wird eines
zerquetscht oder stürzt in die Tiefe, steht schon ein nächstes bereit. Die
Leichen, oder Leichenteile, werden flüchtig vergraben, oder man lässt sie
liegen.

Gut denkbar, dass die Leichen an der Tsavo River Bridge die Löwen
angelockt haben, sie sozusagen »angefüttert« wurden. Dann also, davon darf man ausgehen, hätten es die Löwen vom Tsavo wie die Katzen von Bir Bou Rekba mit den ihnen überlassenen Resten der Zitronen-
hühner gehalten. Und Geschmack daran gefunden, sich auch einmal in

der Jagd auf wirkliche, noch nicht aus dem Leben geschiedene Hühnchen auszuprobieren.

135 Menschen, behauptet Patterson, hätten die Man-Eaters in neun Monaten auf diese Weise gerissen. Wahrscheinlich ist diese Zahl nicht. Die Angst und der Schrecken, den die Löwen verbreiteten, hat sie wohl so weit nach oben geschraubt. Forensische Untersuchungen, an Überbleibseln von Knochensubstanz der Tiere vorgenommen, zeigten sehr viel später, dass dem einen Löwen bis zu zehn und dem zweiten bis zu vierundzwanzig Menschen zum Opfer gefallen sein könnten. Wegen der unkontrollierten Abgänge aus dem Lager sind wohl auch flüchtige Arbeiter auf die Todeslisten geraten.

Vom ersten Schuss, den Patterson am 9. Dezember 1898 mit einem Martini-Enfield-Gewehr zielgenau abfeuern konnte, wurde der erste Löwe in den Hintern getroffen. Das Ende der Unsichtbarkeit und der Stille: Jäger und Gejagter tauschten die Seiten. Der Löwe nahm übel, was den Prinzipien von GEIST & DUNKELHEIT fundamental widersprach. Er setzte Patterson hörbar und sichtbar nach und wurde von ihm noch in derselben Nacht mit mehreren Schüssen erlegt.

Auf einem Bild, aufgenommen am Morgen danach, sitzen beide nebeneinander, der Jäger in aufrechter Haltung, der Löwe, noch nicht zur Leichenstarre gekommen, mit von Stützhölzern in der Balance gehaltenem Kopf. Getroffen soll er wirken. Schlafend nicht, das widerspräche auch nach einem ersten, kaum vermeidbaren Rettungsschuss ins Hinterteil allen Grundsätzen der Jagd.

AUS DER HAUT

Den zweiten hat Patterson am 29. Dezember 1898 aufgespürt, um ihm auf die nämliche Weise den Garaus zu machen. Auch ihn hat man danach fotogen in Szene gesetzt, mit einem Treiber an seiner Seite. Der Eindruck, das Tier sei Opfer einer Treibjagd gewesen, ist aber falsch. Patterson tat für sich, was getan werden musste, mit bestenfalls dezent agierenden Helfern an seiner Seite. Er redete sich auch nicht auf Jagdglück oder auf ein dem Erwerb von Trophäen geltendes Begehren hinaus. Nach seinem Empfinden verrichtete er nur seinen Dienst an der Brücke, mit Respekt vor dem Grauen, auf das er dort gestoßen war und mit genau so viel Entschiedenheit, dessen Urheber von dort zu vertreiben. Im Februar fuhr der erste Zug über den Tsavo, sehr sichtbar, sehr laut und den Löwen zum Trotz.

Dass die Kadaver der Tiere in Pattersons Besitz blieben, gehörte zu den Gepflogenheiten der Zeit. Sie wurden ausgeweidet, entbeint, nun ihrerseits zu Zitronenhühnchen gemacht und allmählich vergessen. Gegenstände des täglichen Gebrauchs, die Köpfe sorgfältig präpariert, die Häute legte man sich, in häuslicher Umgebung, bei Bedarf über die frierenden Beine. Tsavo-Löwen sind mähnenlos, eine Unterart, die nicht ganz so dekorativ wirkt wie das, was vom Jagdglück romantisch gestimmte Kolonialherren von ihren Trophäen erwarten. Auch deswegen dürfte es Patterson nicht allzu schwer gefallen sein, sich gut ein Vierteljahrhundert nach den Vorfällen an der Tsavo Bridge von ihnen zu trennen.

Sie stehen heute, und wirken überaus authentisch an dieser von ihnen nun wirklich nicht herbeigesehnten letzten Ruhestätte, im Field Museum of Natural History in Chicago, Illinois. Ein Savannenpanorama, aus dem sie glasäugig, aber wie aufgeweckt schauen, der eine scheinbar in Bewegung, der andere des Umherstreifens und des Reißens von als Zitronenhühnchen verkleideten Menschen schon ein wenig müde geworden. Nicht wirklich putzig, aber man fragt sich bei ihrem Anblick dann doch, weshalb ihnen auch das noch angetan werden musste.

Die Antwort auf die Frage, wie es so weit kommen konnte, ist einfach: Patterson hat sie, 1924, in Artefakte zerstückelt, für stolze fünftausend Dollar an das Museum verkauft. Zwei Räuber mit einem Platz sowohl in der Natur- wie der Technikgeschichte, samt einer Fußnote, die ein wenig kläglich ausfällt. Sie in ihrer tatsächlichen Größe zu zeigen, blieb dem Chicagoer Präparator Julius Friesser nämlich verwehrt. James Henry Patterson und seine Frau hatten die Felle als Decken in Gebrauch genommen und bei Bedarf in die Wäsche gegeben. Im Lauf von Jahren der Missachtung, die den Löwenfellen auf diese Weise angetan wurde, waren sie darüber beträchtlich geschrumpft. Ausgestopft, zum ewigen Gedenken, aber keine Großkatzen mehr.

Um ihnen auch den letzten Schrecken zu nehmen, hat man ihnen zwei Archivnummern verpasst: FMNH 23970 und FMNH 23969. Zwei Kreaturen wie Buchstützen in einer Vitrine, an denen Schulkinder vorbeiziehen, von denen die Mutigsten manchmal an die Glasfront pochen.

.

NASSKATZE
FRÜHSTÜCK BEI TIFFANY

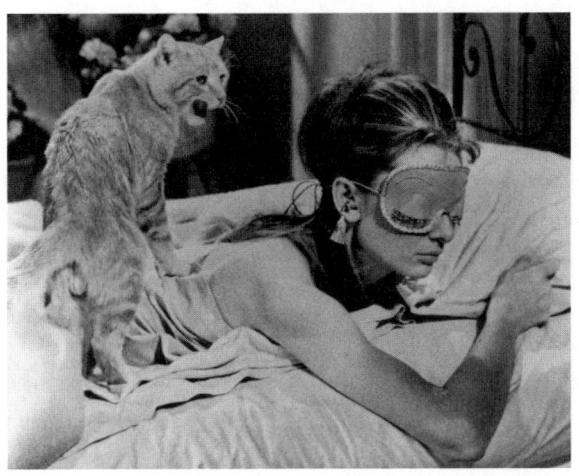

NEW YORK IST NICHTS FÜR FEIGLINGE

Miss Golightly, die Holly Golightly aus Truman Capote's *Frühstück bei Tiffany*, mit der alle bloß Audrey Hepburn verbinden, versetzte mich bei unserem ersten Aufeinandertreffen mitten in den indischen Dschungel. Ich war nicht ihr, aber dem Namen Golightly nämlich schon einmal begegnet, in einer kurzen, regenreichen Erzählung von Rudyard Kipling.

Lieutenant Golightly reitet am letzten Tag seines Urlaubs von Dalhousie, einer Stadt im heutigen Bundesstaat Himachal Pradesh, nach Pathankot in Punjab hinunter. Er hat sich ordentlich herausgeputzt, weißer Tropenhelm, Khakianzug, pfauenblaue Krawatte und ein Gesichtsausdruck, wie ihn die »leichte Marschordnung« vorschreibt, in der er voranschreitet. Sein Diener ist vor ihm aufgebrochen. Er führt, außer ein paar Münzen, selbstverständlich kein Bargeld bei sich.

Dann tritt ein, was in Indien immer passiert: Regen fällt und hört nicht wieder auf. Keine paar Tropfen, sondern ein lauwarmer, sich mit dem Schmutz auf der Straße und dem Schweiß auf seiner Haut innig

verbindender Monsun. Irgendwann kann das Postpferd sich auf dem glitschigen Boden nicht mehr halten und schüttelt Golightly ab in den Dreck. Die Sache ist ihm, der auf nichts so sehr wie auf Korrektheit achtet, ziemlich peinlich.

Noch peinlicher aber war der Zustand seiner Ausrüstung. Er hatte sich für billiges Geld ein paar äußerst attraktiv wirkende Kleidungsstücke andrehen lassen und den Anblick, den er in ihnen bot, ausgiebig genossen. Jetzt löste sich sein Tropenhelm auf. Das Mark, mit dem man das Futter eingeklebt hatte, verwandelte sich in eine grünliche, schleimige Masse, die ihm über die Stirn rann. Die Krempe welkte. Der Hut fiel ihm nur deswegen nicht vom Kopf, weil wenigstens das Lederband noch hielt, was es versprach.

Der Dschungel um Golightly versank in Nässe. Die Farben seines Anzugs zeigten sich dieser Herausforderung nicht gewachsen. In den Glibber, der von dem sich vollends auflösenden Helm tropfte, gerieten ockerfarbige Streifen, rote Tupfen und das Blau, was von seinem Schlips übrig blieb.

Die letzten drei Meilen nach Panthakot schleppt er sich, weil kein Pferd mit ihm etwas zu tun haben will, zu Fuß über einen schlammigen Weg. Sein Diener war irgendwo unterwegs betrunken liegen geblieben. Einen Schnaps könnte auch er jetzt gut vertragen.

Es werden dann einige, für die seine Gastgeber acht Annas verlangen, in seinen Taschen klimpern aber nur sechs. Der Stationsvorsteher am Bahnhof, mit dem er wegen einer Fahrkarte in seine Garnisonsstadt Khasa verhandelt, hält ihn für den Deserteur und Herumtreiber, nach dem gerade gefahndet wird. Einer, der, glaubt man der telegrafischen Nachricht, die auf dem Tisch im Stationsbüro liegt, nach Tagen, die er sich im Dschungel versteckt hielt, exakt so aussehen müsste wie der ehrenwerte Lieutenant Golightly. Weil die Beschreibung auf ihn zutrifft, legt man ihm Handschellen an.

Bevor es nun zu der Frage kommt, wo in dieser Geschichte die Löwen und Tiger denn bleiben, gleich die überfällige Antwort: Es werden keine vorbeischauen. – Nur eine Katze, rot und weiß getigert und ziemlich feurig dabei, bietet sich an. Einer Miss Golightly aus New York ist sie scheinbar zu Diensten: »Sie hob den Kater hoch und schwang ihn sich auf die Schulter. Er blieb dort hocken, wie ein Vogel, die Pfoten in ihren Haaren verhakt, als seien sie Strickgarn; und doch, trotz dieser possierlichen Pose war er ein grimmiger Kater, mit dem Mördergesicht eines Piraten; ein Auge war klebrig blind, das andere funkelte voller finsterer Taten.«

Mr. Golightly aus dem Britischen Empire und Miss Golightly aus New York City haben nur eines gemein: Beide leben in einem Dschungel. Beide wissen außerdem, dass man sich in solcher Umgebung schnell vertun kann mit den Kleidern, die man sich kauft. Mr. Golightly hat, wie Miss Golightly meistens auch, kein Geld in den Taschen. Bei Holly Golightly, die keinen wirklich dunklen, aber irgendwie in einer Grauzone angesiedelten Geschäften nachgeht, reicht es wenigstens für die Katze. – Womit wir wieder bei Miss Golightly und dem *Frühstück bei Tiffany* wären.

Leicht hat die Katze es bei ihr nicht. Truman Capote zieht oder zerrt sie fast wie ein Leitmotiv durch sein Buch. Holly Golightly, ein so unstetes wie unbekümmertes Wesen, bringt es einmal sogar fertig, dem namenlosen Kater mit Nagellack die Schnurrhaare rot anzumalen. Einfach so, aus einer Laune heraus.

Sie hält ihn nicht, will von irgendeiner Verantwortung für ihn nichts wissen, ahnt aber, dass sie ihn brauchen könnte, an irgendeinem fernen Tag, vor dem sie sich manchmal fürchtet, und den sie doch sehnlich erwartet. Den Tag, an dem sie dem Verlangen nach Geborgenheit erliegen wird, einem Gefühl, das ihr, wie sie nicht müde wird zu beteuern, rein gar nichts bedeutet.

Oder doch? Sie weiß, anfangs, was sie hat an ihrem Kater. Sie erkennt sich, auf eine undeutliche Weise, wieder in ihm. »Es ist ein bisschen unangenehm«, erklärt sie sich einmal, »dass er keinen Namen hat. Aber ich habe kein Recht, ihm einen zu geben: Er wird warten müssen, bis er jemandem gehört. Wir haben eines Tages am Fluss irgendwie miteinander angebandelt, aber wir gehören einander nicht: er ist unabhängig, und ich bin's auch. Ich möchte nichts besitzen, bis ich weiß, wo ich und das

ganze Drumherum zusammengehören. Ich bin mir noch nicht sicher, wo das sein wird. Aber ich weiß, wie das sein muss.«

Wüsste sie es tatsächlich, sie würde möglicherweise erschrecken. Sie hat ja gerade ein paar sehr katzenhafte Anmerkungen zu dem gemacht, worum es ihr geht. Dass man frei bleiben sollte, nicht um jeden Preis, aber doch zu dem, den man selber festlegt. So hat es augenscheinlich ja auch der Kater gehalten, als er sich ihrer chaotischen Haushaltsführung anvertraute, drunten am Fluss. Anbandelte, wie sie das nennt. Mal sehen, was für mich herausschaut dabei. Sein Kalkül wird nicht aufgehen. Ein paar Mülltonnen in Spanish Harlem und fast so viel Regen wie der, der auf Lieutenant Golightly im indischen Dschungel niederging, warten auf ihn.

DER PARTYLÖWE

Aber bis dahin liegt ja noch viel vor den Akteuren. Tage, die Holly Golightly bei TIFFANY'S verbringt, um sich Schmuck anzuschauen. Nicht, um ihn zu tragen. Das, findet sie, ist was für Frauen, die die Vierzig hinter sich haben. Mit ihren noch nicht einmal zwanzig Jahren kann sie sich solche Skrupel leisten. Die Diamanten von TIFFANY'S nicht, aber das hält sie für kein Problem. Es sind ja immer Männer in ihrer Nähe, die für sie einiges hinlegen, und einiges mehr davon wäre drin, wenn es zum Hinlegen käme.

Meistens jedoch, so läuft es fast immer bei ihr, schlägt sie den Herren die Tür vor der Nase zu und setzt sich den Kater auf die Schulter. Oder bittet so viele Männer zu einer Party in ihre Wohnung, dass die sich gegenseitig neutralisieren und sich, weil sie in der Menge zu verschwinden versteht wie eine, die sich bestens im Dschungel auskennt, das Geschehen nur schön saufen können. Die Katze sitzt in solchen Nächten ganz oben auf einem Bücherregal, das diesen Namen auch nicht verdient, und schaut desinteressiert auf das in einem Farbenrausch zerfließende und auch von Gesprächsfetzen kein bisschen strukturierte Gewimmel hinunter.

GOLIGHTLY ist ein sprechender Name. Irgendwas zwischen Nimm's leicht und Nimm zwei, mach dir nicht allzuviel draus, lass alle fünfe grade sein und scher dich den Teufel um was immer gerade passiert. Dabei geht es um all das überhaupt nicht in dem Roman. Fällt ein Lieutenant Golightly in einem verschossenen Khakianzug bei strömendem Regen in Indien vom Pferd, gibt es ein paar gute Gründe für ihn, das leicht zu nehmen, wie alles, das ihm in dem Dschungel, der ihn umgibt, hätte zustoßen können. Er ist ja eine Standesperson, mit einem militärischen Rang. Missgeschicke verlaufen sich irgendwann in Casinogesprächen und nehmen dabei manchmal sogar die Kontur einer Heldentat an.

Holly Golightly dagegen, so, wie Capote sie beschreibt, ist ein Nichts aus der Provinz. Tulip, Texas, du meine Güte, sagen sie zu sowas in New York und denken an Schweine, Hühner und ein Farmhaus mit viel zu vielen Kindern drin, aus denen nichts werden kann, weil in Tulip, Texas, noch nie was aus einem wurde. *Go lightly*, das kann dort nur heißen: Lauf weg!

Capote hält den Fall, den er verhandelt, in der Schwebe. Man weiß nie, ob man diese Holly in New York, einer Stadt, die wirklich nichts für Feiglinge ist, für hinreißend lebenstüchtig oder für ziemlich blöd halten sollte. Stets nach allen Seiten verliebt und verschlossen und auf der Suche nach einem Mann mit Geld, der sich dann tatsächlich einstellt, aber, weil alles schiefgeht, doch wieder geht. Stets auf der Suche nach Aufmerksamkeit, die ihr zum Verhängnis wird, weil man beim Umgang mit wichtigen Leuten nicht Schlagzeilen machen sollte, in denen die nicht so vorkommen, wie sie sich das vorgestellt haben.

Frühstück bei Tiffany entstand zu einer Zeit, in der man den Blues zwar schon kriegen konnte, aber meistens spielte ihn bloß eine Band. Ein Kater, die Schläfen pochen, am Morgen danach. Einer, dem man eine Prärieauster verpasst. Ihr macht das rote Elend zu schaffen, eine Gemütskrankheit, die keine weiteren Kommentare verträgt. Es unterscheidet sich vom einfacheren grauen Elend, durch das alle ziehen, wie die Traurigkeit von der Furcht. »Man fürchtet sich«, sagt sie, »aber man weiß nicht, wovor man sich fürchtet.«

Das sind die Tage, an denen man zu Übersprungreaktionen neigt, wie die Katzen, wenn sie sich einer Situation nicht gewachsen fühlen. Es sind Tage wie der, an dem man seiner Katze Nagellack auf die Schnurrhaare streicht.

MANHATTAN TRANSFER

Man hat, wenn man sich in New York aufhält, meistens mit dem Mond so seine Probleme. Er zeigt sich einfach nicht oft genug oder hängt am Himmel zwischen zwei bis an die Sterne verstellten Häuserzeilen bloß über einem herum, wie ein von einem Fotografen ins Bild montierter bleicher Pappkamerad. Hingesichelt auf die Art, wie man sie mit diesen Times Square-Reklamen praktiziert, die auch ständig ausgetauscht werden, mit nichts dahinter als Versorgungsleitungen für Strom, Wasser und Gas. Kein Gestirn, sondern bloß der Reflex von etwas, das am Himmel einmal vorhanden gewesen sein muss.

Kater T. lief mir im Februar 1991 im achtzehnten Stock eines Appartmenthauses in Midtown über den Weg. Es trug eine dieser im Formenspiel von Art Deco, Neuer Sachlichkeit und New York an sich changierenden Fassaden mit alle paar Etagen einem breiten, das Gebäude von allen Seiten umklammernden Sims. Das Haus lag nicht weit von der Fifth Avenue. Die Fenster ließen sich öffnen. Das erstaunte mich einigermaßen.

Ein Mitarbeiter des Goethe-Instituts teilte sich die Wohnung mit ein paar Kollegen oder beanspruchte sie für sich allein. Ich habe das an dem Abend nicht herausfinden können. Es war ein Kommen und Gehen, mit Kater T. immer irgendwie im Mittelpunkt des Geschehens. Die Menschen liefen, wie auf jeder guten New Yorker Party, andauernd wie vogelwild durch die Räume, bildeten Knoten, Trauben, Stafetten und wie ein Bungeeseil schwingende Reihen. Wären Audrey Hepburn und George Peppard als Anführer einer Polonaise an mir vorübergezogen, ich hätte mich kein bisschen gewundert.

Irgendwann wurde mir das Treiben zu viel. Ich lehnte mich an ein offenes Fenster, mit einem wehenden Vorhang, hinter dem sich der Ka-

ter des Hauses einen Platz gesucht hatte. Ein graues Tier, nicht ganz Siam, aber dieser Herkunft deutlich verbunden, wie ich dankbar registrierte. Mehr *Frühstück bei Tiffany* hätte ich an dem Abend nicht ertragen.

Wir waren nicht vertraut genug miteinander. Ihm missfiel, wie ich mein Weinglas vor ihm auf das innere Fensterbrett stellte. Draußen lag der Sims. Drüber, irgendwo, wahrscheinlich der Mond. Der Kater richtete sich auf. Der Vorhang teilte sich. Mit einem Satz war er draußen.

Ich stürzte zum Fenster und sah noch, wie er, schon am Ende der Fensterfront zur Straße, die unter uns lag, um die Ecke verschwand. Genug Party, muss er sich gesagt haben.

»Er macht das jeden Abend um diese Zeit«, kam mein Gastgeber mit einem Glas in der Hand auf mich zu.

»Er kann nicht anders«, lachte er. »Vielleicht liegt es an der Wohnung. Sie ist nicht groß genug für uns alle. Zu wenig Raum, in den nur er sich zurückziehen kann. Dabei ist er ein geselliges Tier.«

Schaut man auf New York, steckt man fest in lauter Klischees. Unter uns zogen Scharen gelber Taxen vorbei. Ihre Lichter spiegelten sich in silbernen, an die Bordsteine brandenden Pfützen.

Irgendetwas mussten sie mit der Spitze des Chrysler Buildings angestellt haben. Sie war nicht zu sehen, obwohl ich mir das fest vorgestellt hatte. So grau wie ein Siamkater, war mir schon bei meinem ersten Besuch in der Stadt aufgefallen. Städte können sehr schnell organische Züge annehmen, wenn man, was eigentlich nur den Katzen gegeben ist, seine Pupillen ein wenig verengt.

»Drei Mal am Tag macht er das«, beruhigte mein Gastgeber mich. »Meistens im Uhrzeigersinn, einmal auf dem Sims um das Haus. Er hält sich nicht an der Wand. Sitzt immer auf Kante und späht in die Tiefe. Wir wissen nicht, was er dort sieht. Mäuse können es nicht sein. Die leben alle hier oben.«

Die Party leerte sich, ein bisschen vor der Zeit, wie mir schien. Unser Hotel lag an der Upper West Side, nicht weit von der Amsterdam Avenue. Kater T. sollte ruhig draußen auf seinem Sims bleiben und uns von oben dabei zuschauen, wie wir ins Taxi stiegen und uns mit diesem

unter all die anderen mischten, die wie eine Flüssigkeit durch die Straßen der Stadt strömten. In dem Augenblick wehte der Vorhang, und er schwebte ein.

COMICAL CATS

Die letzte Party in dem Sandsteinhaus, in dem Holly Golightly, ihr namenloser Kater und der Schriftsteller lebten, der in Truman Capote's Roman deren Geschichte erzählt, war längst gelaufen. Der Auftritt des eigentlichen Helden des Buchs dagegen stand noch bevor. Miss Golightly hatte, blauäugig, wie sie auch war, alles versaut. Jetzt musste sie die Katze loswerden. Nicht irgendwie, das hätte ihrem Stilempfinden widersprochen. So, wie sie mit ihm angebandelt hatte, würde sie sich von ihm lösen. Der beste Ort dafür schien ihr Spanish Harlem zu sein. »Holly stieg aus dem Auto; sie nahm den Kater mit. Ihn in den Armen haltend, kraulte sie seinen Kopf und fragte: ›Was meinst du? Das müsste für einen zähen Kerl wie dich die richtige Gegend sein. Mülltonnen. Ratten in rauen Mengen. Viele andere Katzen-Stadtstreicher, mit denen du dich herumtreiben kannst. Also verschwinde‹, sagte sie und ließ ihn fallen; und als er nicht weglief und sein Haudegengesicht hob und sie aus gelblichen Piratenaugen fragend anblickte, stampfte sie mit dem Fuß auf: ›Ich hab gesagt, hau ab!‹ Er rieb sich an ihrem Bein. ›Ich hab gesagt, verpiss dich!‹, schrie sie, dann sprang sie ins Auto, knallte die Tür zu und rief dem Fahrer ›Los‹ zu. ›Los. Los.‹«

Mülltonnen, das war, für diese Zeit, das ärgste der New Yorker Klischees. Heute sind diese widerlichen, turmhoch an den Straßenrändern liegenden schwarzen Plastiksäcke an deren Stelle getreten. Jede Zeit schafft sich ihre Kulissen. Die, in denen es noch Mülltonnen gab, hatte einige Vorzüge, wenn es darum ging, Katzen auftreten zu lassen. Man begreift das am schnellsten, wenn man sich ein paar *Tom & Jerry*-Filme anschaut.

Kater Tom, schlank und grau wie der Kater T. aus Midtown, lebt rundumversorgt im American Way of Life und wird nur von einer Maus, die

ebenfalls von dieser Genusswelt profitieren will, hin und wieder gestört. Immer mal wieder gerät er unter die Krawallkatzen, denen für ein solches Leben einiges fehlt. Sie machen sich einen Spaß daraus, wie eine Straßengang über die Mülltonnen zu sausen, rauben, stehlen, wüten, nehmen Heringe aus und verwickeln Tom, der keine Ahnung davon hat, wie das geht, in abscheuliche Revierkämpfe. Jerry verbündet sich manchmal mit ihnen, was nur den Schluss zulässt, dass sie ziemlich dämlich sein müssen.

Manchmal findet Tom, weil das noch in seinem Naturell zu stecken scheint, an solchen Umtrieben sogar Gefallen. Aber muss man wirklich in Wind und Regen mit Blechdeckeln klappern und Kartons mit Essensresten ausweiden, bloß weil ein paar Leute zu dem Schluss gelangt sind, das stünde für die richtige Gegend, in der man eine zähe und von Haudegenambitionen geleitete Katze aussetzen sollte?

Frühstück bei Tiffany hat ein Happy End, im Film, bei dem die Katze erst elendiglich nass auf der Straße sitzt und am Ende eher von Audrey Hepburn als von Holly Golightly reumütig aufgeklaubt wird.

Im Buch wird Holly Golightly zwar ebenfalls von Reuegefühlen ergriffen und lässt nach dem Kater suchen. Was dem Erzähler aber fehlt, als er ihn aufgespürt hat, ist Holly's Adresse. Er würde ihr gerne schreiben, was er gesehen hat. Unbekannt verzogen, er muss den Brief nicht schreiben, aber er weiß davon zu erzählen, was mit der Nasskatze passierte. *There is a Rose in Spanish Harlem*, und das sah so aus für ihn: »Ich hatte mein Versprechen gehalten; ich hatte ihn gefunden. Wochenlang durchstreifte ich nach der Arbeit die Straßen von Spanish Harlem, und oft gab es falschen Alarm – ich erhaschte einen Blick auf ein rot getigertes Fell, doch bei näherem Hinsehen stellte sich heraus, er war es nicht. Aber eines Tages, an einem kalten, sonnigen Winternachmittag, war er es. Flankiert von Topfpflanzen und eingerahmt von sauberen Spitzengardinen, saß er am Fenster eines warm aussehenden Zimmers: ich fragte mich, wie sein Name lauten mochte, denn ich war sicher, dass er irgendwo angekommen war, wo er hingehörte.«

So geht das mit Standespersonen. Sie kommen aus dem Regen nicht in die Traufe, sondern ins Warme. Eroberer, auf eine Weise, die sie dazu

bringt, sich selbst dem American Way of Life auszuliefern. *Comical Cats*, mit dieser Lust und List und Ausdauer, mit der sie dem Regenbogen folgen. Zwar wartet kein Topf voller Gold an dessen Ende auf sie, aber, wenn es gut geht und sich das alles in New York abgespielt hat, ein Fenster mit einem von einer Gardine umschmeichelten Pflanzengesteck und eine Decke vor einem Ofen. – Niederlagen, auch die von Haudegen mit einem Piratenauge, sehen anders aus und sind nicht halb so gut für die Gesundheit.

Für Lieutenant Golightly aus dem indischen Dschungel dürfte die Sache ähnlich glimpflich ausgegangen sein. Ein Missgeschick, das in den Casino-Gesprächen, die später darum kreisten, bald zur Heldentat wurde. Katzen stehen beim Heldenmut nicht anders da. Dass sie ihn nicht hatten, zeigen sie aber nur damit an, dass sie sich hinlegen und kein Aufhebens mehr davon machen.

TI-PUSS

DAS INDISCHE GRABMAL

MILCHGESICHT

Kalkutta soll ja am Ganges liegen, wie Paris an der Seine. Dass eine Katze sich dort in den allen Indern heiligen Fluss stürzt, mag man nicht glauben. Bevor er sich, in alle Richtungen seines unüberschaubaren Deltas davonlaufend, in den Golf von Bengalen ergießt, ist er ja nur noch ein Abwasserkanal. Das ist schon 1941 nicht anders gewesen, in dem Jahr, in dem die Katze Ti-Puss sich des Flusses annahm. Ihre Geschichte ist eine, die jeden, der sich mit Katzen auskennt, einigermaßen verwirrt.

Es ist nicht so, dass Katzen wirklich wasserscheu sind. Die meisten können nur den Regen nicht ausstehen. Streifen sie, wenn der aufgehört hat, durch das nasse Gras, macht es ihnen kaum etwas aus, wenn Pfoten und Bauch die Nässe aufnehmen. Das lässt sich beheben. Wofür haben sie denn eine Zunge, geformt wie eine Kelle und widerständig dazu, mit Hornzähnchen überall, die in der Art einer Bürste über das Katzenfell streichen. Sie kriegen sich schnell wieder trocken auf diese Weise. Nur in einen Gewitterguss sollte eine Katze nicht geraten. Der Anblick, den sie danach bietet, ist nichts für schwache Gemüter. Die Hälfte ihres Volumens ist weg.

Indien ist, aus der Katzenperspektive, kein gutes Land. Es regnet andauernd. Das saubere Wasser und der Dreck mischen sich ununterscheidbar. Sie haben sogar eine eigene Regenzeit, und das auch noch mitten im Sommer. Aber die wird überschätzt. Erst fällt Wasser wie in Blöcken vom Himmel. Dann hört es auf. Außerdem findet sich immer ein Versteck. Am besten eine der wundervollen viktorianischen Bahnhofshallen von Indien, mit so vielen Menschen an den Zügen wie Regentropfen über dem Dach. In einer solchen kann man, im Kriegsjahr 1941, in Indien Ti-Puss begegnen, der Katze von Ella Maillart.

TI-PUSS ist nur ein Kosename, aber er steht für ein Lebens- wie Liebesabenteuer, das seinesgleichen nicht findet. Mit ihrem vollen Namen, behauptet Ella Maillart, habe ihre indische Katze FRAU MINOU WILDLING geheißen, geborene PUSCH-I-KIN. Das erinnert an einen russischen Dichter. Aber diese Vermutung führt einen nirgendwohin. Am Anfang der Namensfindung stand bloß der französische Satz *Brave Petit Pussy*.

Sie ist allerdings eine Katze voller Anklänge, mit, was bei Katzen ausgesprochen selten vorkommt, spirituellen Zügen. Von einer Weltweisheit beseelt, wie man sie wohl nur in Indien erwirbt. Sogar ein Lehrer stand ihr dabei zur Seite, Maharischi, der große Seher von Tiruvannamalai. Dass er sie streicheln durfte und Ball mit ihr spielte, spricht dafür, dass sie die Spiritualität zu ihren Konditionen auszuleben verstand. Seher sehen nicht alles im rechten Licht.

Geboren wurde sie in einem Schrank, südlich von Madras, wo es sehr heiß werden kann. So heiß, dass es den Katzenmüttern irgendwann schwer fällt, ihre Jungen zu säugen. Ti-Puss, die noch nicht weiß, dass sie unter diesem Namen in die Katzengeschichte eingehen wird, kann noch nicht einmal laufen. Bloß niesen, und worum es sich bei Milch handelt, das ist ihr nur von den Mutterzitzen geläufig. Die aber sind leer.

Ella Maillart, ein abenteuerlustige Reiseschriftstellerin aus Genf, hält sich der Meditation wegen in Indien auf. Hindu-Weisheiten, metaphysische Lehren, das ganze Repertoire der Selbstfindung und Seelenvertiefung. Auch aus Büchern kann man sie erwerben, aber was zählt das, gemessen an der Nähe zu den Meistern. Einer schickt sich gerade an, in ihr Leben zu treten.

Schon einmal, in Genf, am blauen See, hat sie eine Katze gehabt. Ein Tier mit außergewöhnlichen Fähigkeiten, wie sie sich erinnert. Eine Katze, die die Menschen, mit denen sie in Verbindung stand, sogar vom Bahnhof abholte. Die am Wasser winzige Fische jagte, von denen Ella Maillart nicht ganz wahrheitsgetreu behauptet, es habe sich um Sardinen gehandelt.

Weitaus interessanter und glaubwürdiger wird es, wenn sie ihre Bootsfahrten mit der Genfer Katze beschreibt. Da zeigen sich Verhaltensmuster, die wir schon von anderen Schiffskatzen kennen. Wie Matthew Flinders Schiffskater Trim zieht es auch dieses, einem Binnensee innig ergebenes Exemplar, andauernd über Bord. Zwar ist der Genfer See nicht uferlos, aber man kann sich, vor allem, wenn man sich das mit einem Katzenauge anschaut, ganz schön weit von der mit Bergen gesäumten Küstenlinie entfernen.

Der Katze, dieser ersten von Ella Maillart, bereitete das so viel Unbehagen, dass sie Ruder Ruder sein ließ und sich lieber selber auf den Weg zurück ins Kiesbett der Bucht machte, an der sie lebte. Paddelnd, mit allen vieren, Nase, Ohren und Schnurrhaare über Wasser und den Schwanz wie ein Periskop aufgestellt, muss sie ein wenig wie ein winziges U-Boot ausgeschaut haben. Von wegen Katze und wasserscheu.

Dann kommt Indien. Ella Maillart schreibt gerade an einem Buch über ihre Reisen durch das innere Asien. Es ist ihr drittes, und es bereitet ihr sehr viel Mühe. Irgendein Lebewesen, denkt sie noch, das wäre es doch. Es bedarf dafür nicht einmal in Indien großer Magie. Das Objekt ihrer Sehnsucht liegt ja schon im Schrank und verlangt nach Zuwendung. »Möchtest du ein Kätzchen haben?«, fragt eine Freundin. »Schnell antwortete ich: ›Ja.‹«

Man nehme, um einer Katze habhaft zu werden, eine Schüssel mit Milch, eine Pfanne voll Sand und einen mit einem seidenen Hemd ausgelegten Karton. Damit ist für das Wohlempfinden eines Kätzchens alles getan. Die Techniken, die man für den Umgang mit diesem Angebot braucht, sind ihnen in einem gewissen Maß angeboren. Erlernt werden müssen sie, für die praktische Umsetzung, allerdings auch.

Das Kätzchen stellt sich zuerst ein bisschen an. Es tritt in die Milch. Begreift dann, dass man die nicht mit dem Fuß aufnehmen kann. Steckt die Nase hinein. Wieder dieses Niesen, wie schon an den Zitzen der Mutter. Die Zunge ist bereits vorhanden. Die Motorik für deren Einsatz noch nicht. Sie schleckt. Die Milch spritzt. Die Katze, für *den* Fall trifft diese Redensart, macht ein Gesicht.

Als sie es hat, ist es schnell eines, dem man das Erwachsenwerden ansieht. So ein Katzenleben kennt ja keine große Kindheit. Ein paar Wochen, mit zwei, drei Monaten Jugendzeit dahinter, in denen es schon um die größeren Dinge geht. Um das Katzenhafte, das sich schnell ausbilden wird. Man kann ihnen zuschauen dabei. Ella Maillart schaut und staunt und absolviert eine ganze Lebensreise mit Ti-Puss.

AFFENALARM

Die verdammten Affen. Man kennt sie ja. Rudyard Kipling hat ihnen in seinem *Dschungelbuch* ein Denkmal gesetzt. Kein schönes, sie sind eine dreiste Bande von Nichtsnutzen und Gaunern. So stellt er sie dar. Immer der Menschwerdung auf den Fersen, aber dann reicht es doch nur für das Absingen schmutziger Lieder. Nachäffen, mehr kriegen sie einfach nicht hin.

Ti-Puss verschlägt es arglos wie Mowgli, das Menschenkind, in ihren Dschungelbezirk. Kein Regenwald, bloß ein paar Pipalbäume, in denen sie sich zanken und finstere Pläne schmieden. Ella Maillart und sie stehen vor einer Reise in den Bergort Kodaikanal, hoch über der Hitze des Flachlands. Wisnawatha, der Wahrheitssucher aus dem Aschram, in dem sie die Zeit vor ihrer Abfahrt verbringen, lässt sie wissen, dass es in den Palani-Bergen sogar einen Tannenwald gebe. Würzige Luft, die beim Meditieren helfe und allen Kraft verleihe für ihre tiefere Suche. Maillart erzählt das alles ihrer Katze. Die zeigt sich ungerührt.

Wären nur nicht die Affen. Sie starren wütend durch die Fenster des

Hauses. Wagen sich hinein, wenn die Bewohner es an Vorsicht mangeln lassen. Stehlen Bananen und einmal sogar eine Zahnpastatube. Ausgequetscht liegt sie am andern Tag auf einem Nachbarbalkon. Tiruvannamalai wird für Ti-Puss zu einem betrüblichen Ort. Der Hitze dort zu entkommen, das wäre, nach der Aufnahme, die sie bei Ella Maillart fand, der zweite Glücksgriff in ihrem Leben. Ihre erste Reise noch dazu.

Die Affen treiben sie immer wieder ins Haus. Erschöpft bleibt sie dort liegen.

Der Dramatiker Carl Zuckmayer hat in einem zum hundertsten Geburtstag von Rudyard Kipling verfassten Grußwort darauf hingewiesen, dass man es beim Erzählen von Tiergeschichten mit den Wahrheitsbefunden der Zoologen nicht zu genau nehmen sollte. Selbst Konrad Lorenz sei nicht entgangen, dass es sich bei Kiplings Tierbeschreibungen eben nicht um eine »falsche Vermenschlichung« der Tiere handle, sondern um eine Erkundung der phantastischen Dimensionen menschlichen Lebens, die wir nur noch in den Spiegelbildern aufspüren können, die das Tierreich uns bietet. Lost World, die verlorene Welt, von der wir noch einen Widerschein in uns tragen.

Die Affenbande, die durch das *Dschungelbuch* streift, ist, so besehen, der verwandt, die Ti-Puss ins Haus der Menschen zurückkehren lässt. Selbst der Panther Bagheera muss gegen die Bandar-log, in deren Gewalt sich Mowgli befindet, die Schlange Kaa zu Hilfe rufen. In der Zwischenwelt der Affen changieren schon Gut und Böse, fester Boden und freier Wille, Eigensinn und Nachahmungstrieb. »Bruder«, auf den Punkt bringt Kipling die Angelegenheit, »dein Schwanz hängt hinter dir. Das ist so recht der Affen Manier.« Eine Katze kann, in solchen Kreisen, nur in die Bredouille geraten.

Ein zweites Problem, dem Ti-Puss unmöglich etwas abgewinnen kann, hat mit dem Indien zu tun, dem Ella Maillart all ihre Aufmerksamkeit schenkt. Die Kreise, in denen sie verkehrt, sind die von überaus freundlichen, Sinn suchenden Menschen. Ein Gedankengebäude so fein gesponnen und komplex wie das andere und mit diesem nicht immer vereinbar. Zur Sache trägt das glücklicherweise selten etwas bei, weil sich ja alle auf irgendeiner Suche befinden. Bei den Regeln, die man sich dafür auferlegt, hört für eine Katze dann aber schnell der Spaß auf.

Was soll sie auch davon halten, dass einem Stück Leber, das ihr in einem Bananenblatt gereicht wird, als erste Fleischmahlzeit in ihrem Leben überhaupt, das Odium des Unreinen anhaftet. Dass man seine Katze nicht einfach füttern kann in solcher Umgebung, entweder, was sich noch vernünftig anhört, weil es sich bei Leber, in tropischer Hitze, um ein wahrhaft verderbliches Lebensmittel handelt, oder weil, da ist die Vernunft dann schon weg, die Religion den Verzehr von Fleisch tabuisiert. Dass auch ein Bad im Ganges, selbst wenn der Seher die Katze danach rühmt wie ein mit ihm auf Augenhöhe gelangtes Geschöpf, sie im Grunde ja bloß nass gemacht hat. Was bleibt, nach solchen Erfahrungen, der Katze anderes übrig, als selber zu jagen?

IM ZUG

Sie reisen, sinnigerweise, beide in einem Frauenabteil, Ella Maillart und Ti-Puss. Dritter Klasse, Ti-Puss in ein Tuch eingerollt. Sie hat sich den Bauch doch noch einmal mit rohem Fleisch vollschlagen dürfen, weshalb der jetzt prall wie ein Gummiball ist. Der Zug ist voll, wie nur in Indien vorstellbar. Menschen, Körbe, Wasserkrüge, Kisten und Kästen. In Vilapuram, an der Hauptstrecke von Madras nach Madura, kommt es vor allem darauf an, den nächsten Schnellzug zu stürmen, was sich, mit einer Katze unterm Arm, als nicht ganz einfach erweist.

Die Frauen im Zug nehmen übel, dass Ella Maillart ihre Katze besser behandelt als sie ihre Kinder. Die Männer, die sich mittlerweile ins Abteil gemischt haben, glauben eine britische Geheimagentin vor sich zu haben. Alle Mitreisenden zeigen sich erstaunt, als Maillart bekennt, dass sie zwei Jahre bei Schri Ramana, dem großen Maharischi verbracht hat. Die Katze ist sicherheitshalber eingenickt, in ihrem Tuch.

Von Kodaikanal Road Junction in die Palani-Berge fährt nur ein Bus. Er klettert durch ein paar Klimazonen, ganz oben begrüßt sie erst eisiger Nebel, dann Regen. Außerdem fließt von dort viel Wasser die

Berge hinunter. Ti-Puss gibt sich gelassen. Ihr genügt die Aussicht auf Rahm und ihre Pfanne mit Sand in einem Haus, das sie nach ihrer Ankunft erkundet.

Die Ebene, aus der sie stammt, liegt zweitausend Meter unter ihr. Die könnte sie sich vom Balkon des Hauses aus anschauen, »eine warme Basis für ihre träumerische Stimmung.« Sie pirscht aber lieber durchs Haus, faucht gegen alle, die sie nicht kennt, den Milchmann ausgenommen. Der genießt schnell ihr Ansehen.

Tiere, zu dem Schluss gelangt Ella Maillart in Kodaikanal, »sind keine Rebellen, sind nicht aus dem Paradies vertrieben worden. Sie können sich nicht selbst analysieren, wie wir es – anscheinend für immer gespalten – immerzu tun, seit wir vom Baum der Erkenntnis gekostet haben. Sie leben aus ihrer Fülle in reiner Unmittelbarkeit, und das ist Glückseligkeit, wenn sie es auch nicht wissen. Für uns hingegen geht der Friede nicht über die Vernunft hinaus, und wir wissen es, wenn wir glücklich sind; aber das geschieht allzu selten.«

So ziehen zwei, die verschiedener nicht sein könnten, durch ein Indien, in dem man einerseits höllisch aufpassen muss, wegen der unermesslichen Gefahren, die überall lauern, und in dem es manchmal dann doch wieder recht behäbig zugeht.

Man kann sich, inmitten von all dem Menschengewimmel mit seinen für eine Katze nicht erkennbaren Kastengesetzen und Religionsgegensätzen, in den Subkontinent hinein versetzen, als wäre der bloß eine gute Stube. Mittendrin Ti-Puss, das Kätzchen, dem bald ganz andere Erfahrungen bevorstehen, die der Paarung, der Mutterschaft, und das alles weiter wie bisher vor allem auf Reisen.

Ein wenig, das räumt selbst Ella Maillart ein, muss Ti-Puss auf andere wie ein Hündchen gewirkt haben. Immer bei Fuß, stets auf ihren Namen hörend, andauernd und unverrückbar nah an dem Menschen, den sie sich ausgesucht hat. Das dürfte daran gelegen haben, dass sie nie einen festen Ort kannte. Kehrte sie allerdings an einen zurück, an dem sie schon einmal gelebt hatte, erinnerte sie auf der Stelle die dortigen Gegebenheiten und fand zu ihrem dafür gefundenen Lebensrhythmus zurück.

Aber das war nur eine Facette ihrer Anpassungsfähigkeit. Man muss sich nur die Karte mit ihren Reiserouten anschauen, die Ella Maillart ihrem der Katze gewidmeten Buch beigefügt hat: Vom südlichsten Indien, mit Madras als Knotenpunkt, bis nach Benares und über Kalkutta den Ganges hinauf in den Himalaya, nach Phary, am Rand von Tibet. Für nicht eine dieser Reisen wurde Ti-Puss in eine Transport-Box gesteckt. Sie absolvierte sie alle aus freien Stücken, im einen oder anderen Fall manchmal für ein paar Stunden mit einer Leine gesichert. Weder störte sie das, noch nahm sie übel.

DER SEHER

Es war nicht einer, es waren einige, die sich ihrer annahmen. Der eine, ein Swami in einer felsigen Höhle nicht weit von Tiruvannamalai, reichte ihr Wasser, das Ti-Puss erst verschmähte, um es dann doch aufzuschlecken. Der Swami, ein Eremit, hatte der Welt seit langem entsagt und schaute heiter über Berge hinweg, von denen es heißt, auf sie wäre einmal das Licht des unsterblichen Feuers gefallen. Das hörte sich verführerisch an, vor allem, weil weder Ella Maillart seine Sprache noch er ihre verstand. Dafür zeigte er ihr einen Altar, mit einem kegelförmigen, Schiwa verkörpernden Stein. Das Sinnbild des höchsten Prinzips, mit drei parallelen Querstreifen aus Kupfer, dem »Symbol der Trimurti, der Dreieinigkeit, die von der Einheit übernommen wird, wenn das All da ist.« Als sie ins Freie tritt, ist die Katze weg.

Aber, ach was, sie hat sich für die Zeit solcher Gedankenabschweifungen bloß den Platz ausgesucht, auf den sie durch den Seher aufmerksam wurde: den neben der Wasserschale, auf dem sie, von einem rauchigen Sonnenuntergang umrahmt, mitten im Heiligtum ausgestreckt liegt.

In Courtallam, noch einem Dorf mit würziger Luft und einem heiligen Becken, zu dem sie nach einem Regenguss flüchten, wartet der nächste Meister auf sie. Er findet Gefallen am Spiel der so unbekümmert lebensfrohen Katze. Vor allem deren Fähigkeit, einen Pingpongball aus der Luft zu holen, bevor er die Wand erreicht, nach der er geworfen wurde, hat es ihm angetan. Es ist eigentlich nur diese Akuratesse von Geschwindigkeit, Eleganz und Kalkül, um die sich bei Katzen alles dreht. Der Meister von Courtallam aber ist kein Schweiger, wie all die anderen selbstversunkenen Eremiten und Seher. Er hat etwas zu sagen: »Sie helfen dir das Selbst erleben, dieses wahre Ich verwirklichen, das nichts anderes ist als die reine Wonne, bewusst zu sein. Siehe ab von dem Kätzchen – was bleibt, ist unbedingt Liebe, dein eigenes innerstes Wesen, dein Ichtum. Klammerst du dich an dieses Tier, so bleibst du innerhalb der Grenzen, innerhalb der Fesseln eines relativen Wesens. Aber du bist mehr als das: Lerne erkennen, dass deine Katze oder dein Freund ein Tor sein kann, das dich zum unendlichen Glück in dir führt.«

Das ist zwar ein bisschen viel Mensch und mehr Tor als Tier, und es läuft deswegen auf eine Entmündigung der Katze hinaus. Die Katze als Eintrittskarte ins eigene und dazu auch noch Anspruch auf die Unendlichkeit erhebende Glück. Was bleibt von einem Tier, dem man sich derart selbstversunken zuwendet, eigentlich übrig?

INS NIRWANA

Drei Mal läuft sie davon. Das erste Mal in Raipur, einer Zwischenstation auf dem Weg zu einer Tigerjagd, wo Ti-Puss sich im Haus der Gastgeber das weichste Kissen aussucht. »Bestimmt«, sagt George, der britische Geschäftsträger, bei dem sie untergekommen sind, »wird deine Katze die Tiger mit ihren glühenden Augen, die größer sind als ihr Gesicht, verscheuchen.« Das ist nicht unbedingt Hindu-Weisheit für die Katz, dafür aber so englisch-lakonisch, dass es einen mit dem Indien der Seher und der Meister versöhnt.

Ti-Puss kommt dann aber nicht abhanden, weil die Tiger ihr etwas angetan haben. Sie ist nur ausgegangen, hat sich irgendwo mit ihresgleichen geprügelt oder wurde geschlagen und kriecht mit gebrochenem Schlüsselbein aus einem Strauch. »Sehr stark«, notiert Ella Maillart, »fühlte ich, dass uns ein Vertrag bindet, wenn wir ein Tier annehmen. Das Tier glaubt wahrscheinlich, dass wir allmächtig seien und verantwortlich für alles Gute und Böse, das ihm begegnet; es wird uns seine Schönheit, seine Freuden und Leiden entgegenbringen, wenn wir unsere Pflichten ihm gegenüber nicht vernachlässigen.« Das ist vom Grundsatz her nicht ganz falsch. Ein Tierarzt für Ti-Puss wurde trotzdem gebraucht.

Kodai Road Junction, ein Jahr nach diesem Vorfall. Ti-Puss ist inzwischen Mutter. Auch die Kätzchen tollen mit den Meistern umher und laufen manchmal davon, kommen wieder, werden verschenkt. Ti-Puss, mal wieder in einem indischen Zug, steckt dort tatsächlich in einem Korb. Das sagt ihr nicht zu. Selbst das Fenster des Abteils zieht sie in Erwägung. Dann endet die Fahrt. Sie erkennt den Bahnhof wieder und macht sich trotzdem davon. Zurück bleibt, mit der Katzentochter Ti-Zoli, Ella Maillart, mit einem Abschiedsgruß für das unwiederbringlich verlorene Tier: »Dies ist das beste Ende unserer Abenteuer. Der Tropfen wilden Blutes in ihren Adern führt sie zu einem Leben in der Wildnis zurück, nachdem sie mich zum Lachen und Lieben gebracht hat, als ich in meiner Einsamkeit Liebe und Lachen sehr nötig hatte. Ti-Puss, ich danke dir für das Jahr deines Lebens, das du mir geschenkt hast. Ich habe dich geliebt.«

Kaum geschrieben, schon vergangen. Die Wildnis des Bahnhofs an der Kodai Road Junction kann es Ti-Puss nicht so sehr angetan haben. Ti-Zoli hat inzwischen auch schon Kinder bekommen, erweist sich aber als eine ihrer Mutter in nichts ebenbürtige Katze. Langweilig, verschlafen, frei von Charme, wie meistens bei Wiedergängern, die nur von der Substanz ihrer Vorläufer zehren.

Wochen vergehen. Dann erreicht Ella Maillart ein Telegramm: »Katze gefunden. Besitzerin soll kommen.« Das gute Ende, stellt sich heraus, fing damit an, dass an jedem Abend, wenn der Schnellzug aus Trivandram in Kodai einlief, am Gleis eine Katze auftauchte. Ein paar Leute, die sich noch erinnerten, dass ein Tier dieses Aussehens gesucht wurde, hatten sie in den Wartesaal gelockt und in Gewahrsam genommen.

Hart wie ein Hund, berichtet Ella Maillart, sei sie danach gewesen. Verkrümmt, wie nach zu langem Sitzen in einer Position. Hachiko fällt einem dazu ein, der Akita-Hund mit dem Hängeohr, der zehn Jahre lang seinen Halter, den 1925 verstorbenen Universitätsprofessor Hidesaburō Ueno am Tokyoter Shibyua-Bahnhof von immer demselben Zug abholen wollte. Ein wenig hundeartig zeigte sich auch Ti-Puss auf diesem Gebiet. Sie war aber, wie Ella Maillart richtig konstatierte, tatsächlich härter geworden.

Dabei ist das Erstaunliche an Ella Mailarts indischer Katze gar nicht diese auf Abwegen ohne Ende erworbene Härte. Darin ist sie den Schiffskatzen verwandt. Eigentlich gehören auch die nicht auf das Terrain, das sie erkunden. Ihr Eroberungssinn sorgt dann aber dafür, dass wenigstens die besten von ihnen sich mühelos dort behaupten.

Ti-Puss ist eine von diesem Schlag. Ein Schiff freilich ist ein geschlossener Raum. Indien dagegen, das ist ein Gelände, das einer Katze sehr viel mehr abverlangt. Der Subkontinent ist, als sie ihn bereist, noch nicht einmal in vollem Umfang vermessen.

Orientierungssinn weit über das Katzen eigene Revierverhalten hinaus, darauf kommt es bei ihr an. Techniken, um in einer ihnen nicht freundlich zugeneigten Natur zu überleben. Sinn für die Besonderheiten der konträr zu diesen Naturzuständen gesetzten technischen Zivilisation. Begreifen, wie das eine ins andere übergeht. Begegnungen mit Affen meiden. Eisenbahnfahrpläne nicht lesen, weil das nicht geht, aber sie in ihrem Rhythmus verstehen. Nutzen aus all den für die Ortsbestimmung und Selbstbehauptung unabdingbaren Erkenntnissen ziehen. Ti-Puss ist eine Katze gewesen, die den Raum, in dem sie lebte, stets mit sich führte. Eine Katze mit einem kartografischen Gedächtnis. Die exemplarische Reisekatze daher, mit Sinn für gleichermaßen Nähe wie Weite. Unabhängig, mit einem entwickelten Bewusstsein dafür, dass Stabilität des Ortes kein Zustand von Dauer sein kann.

Ella Maillart zieht es nach Tibet. Die Katze muss zurückbleiben, ihrer Obhut entzogen. In Kalimpong, wo sie wartet, streicht noch eine andere Katze durchs Haus. Winnie, was für ein Name! In einem Brief, der Ella Maillart auf ihrer Alleinreise erreicht, ist von einem Angriff die Rede. Keine große Sache. Katzen unter sich, wie anders sollte das gehen?

85

Es folgt dann nichts mehr. Als Ella Maillart nach Kalimpong zurück-
gekehrt ist, taucht Ti-Puss dort manchmal noch auf. Oder auch nicht,
was Wunsch und was Wirklichkeit ist, mischen sich ununterscheidbar.
Vielleicht, weil sie ihren Namen abgelegt hat. Sie wird gerufen, aber sie
schweigt. Beim letzten Versuch, sie zu finden, hört Ella Maillart in den
Bambuszweigen, vor denen sie steht, drei Mal ein Rascheln. Als sie den
Namen der Katze noch einmal ausspricht und ein Lebewohl hinzufügt,
antworten nur ein paar einfältige Hunde.

DEWEY
JETZT WERDE ICH BERÜHMT

KATZENKLAPPE

Iowa, östlich der Great Plains zwischen Missouri und Mississippi einge-
klemmt, ist einer der den Kartografen vom Reißbrett gerutschten quad-
ratisch-praktischen Ackerstaaten der USA, an denen man entweder vor-
beifährt, oder man lässt sie unter sich liegen. Es passiert nicht mehr sehr
viel dort. Das Hügelland mit seinen Prärien wird zu neunzig Prozent
landwirtschaftlich genutzt. Es gehört zum Corn Belt, schickt Schweine,
Rinder, Mais und Sojabohnen in die anderen Staaten und lebt mit ziemlich viel Wind. Der Gedanke, dass man daraus elektrischen Strom gewinnen könnte, ist gerade dabei, sich in den Köpfen der Bewohner von
Iowa festzusetzen.

Das freilich könnte noch dauern. Sie gelten als bedächtig, starrköp-
fig, nie zweifelsfrei nach vorn schauend. Ihre Mentalität, behaupten manche, habe in jüngster Vergangenheit Schaden genommen. Von Jahr zu
Jahr liegen zwischen den Maiswänden an den Straßen weniger bewirt-

schaftete Farmen und mehr Friedhöfe. Wer es sich leisten kann, zieht weg und sucht woanders sein Glück. Eigentlich haben sie sich in Iowa von der Großen Depression, dem Niedergang der US-Wirtschaft in den Dreißigerjahren des 20. Jahrhunderts, bis heute nicht richtig erholt.

Man schaut, wenn man in solchen Verhältnissen steckt, viel zurück. Stellt Schilder an die Straßenränder, auf denen steht, dass man durch Herzland fährt, mindestens von Iowa, wenn nicht sogar der Vereinigten Staaten. Einwanderer haben es geschafft. Nicht wenige davon kamen aus Deutschland. Man merkt das an den Namen und an den Geschichten, die dazu gehören. John Froehlich, ein Maschinenbauer und Tüftler aus Kassel, hat 1892 im Clayton County den ersten mit Petroleum betriebenen Traktor erfunden. JOHN DEERE, die Firma, die 1918 seine Patentrechte aufkaufte, ist heute einer der größten Arbeitgeber des Staats.

Amerika, mit seinen Skylines, stellt sich in Iowa ein wenig anders zur Schau. Der Himmel nimmt es, vor allem im westlichen Teil des Gebiets, mit der Horizontlinie nicht ganz so genau. Mal fegen die Wolken, die von den Plains herüberziehen, sie einfach davon. Dann liegt sie wieder wie mit dem Lineal gezogen vor einem, bis sie, an Sommertagen, in die Vertikale zu kippen scheint. Luftgespinste, von denen die ärgsten, die Tornados, an solchen Tagen meistens nicht lange auf sich warten lassen. Sie fräsen ihre Schneisen, durch die Häuser, über die Straßen, in den Mais.

Eigentlich müsste Iowa ein Katzenparadies sein. Ist es wahrscheinlich auch. Wo man andernorts in den USA auf Hochhäuser schaut und der Magie ihrer Fassadenspiegelungen erliegt, stehen einem in Iowa die stumpf an die schnurgeraden Highways gesetzten Silos der Getreidespeicher im Weg. Schön bunt sind sie meistens, ein bisschen skandinavisch in ihrer Anmutung, was daran liegt, dass auch aus Nordeuropa viele Einwohner kamen. Eigentlich richten sie sich aber bloß wie Scherenschnitte auf, die gleich wieder wegkippen und dem Himmel ihren Raum zurückgeben werden. Es muss in ihnen wimmeln von Mäusen. Jeder Tag ein Fest für Katzen.

Tatsächlich hat es in Iowa eine Katze gegeben, die bei einem solchen Festmahl nicht vorbeigeschaut haben kann. Ein Kater ohne Geburtsur-

88

kunde, mit nicht einmal Spuren, die zu einer Familie führen, in der er gelebt haben könnte. An einen Ort, an dem sich Überdruss in die Zärtlichkeit zu mischen begann, mit der man ihn anfangs noch bedacht hatte. Vielleicht, weil wieder einmal das Geld für einen Besuch im Supermarkt fehlte. Die Regale sind auch in Iowa stets gut gefüllt. Ohne einen Scheck in der Tasche hilft einem das nicht. Eine Katze, wenn man nicht gerade Farmer ist und sie wirklich braucht, ist ein Luxus in solchen Zeiten.

Mit ihren Geburtstagen kommt man bei Katzen, wie schon angemerkt wurde, nie richtig weit. Präziser sind allemal die Tage ihrer Wiedergeburt. In einer Winternacht in Iowa kann sich so manches abspielen. Das Kontinentalklima lässt nur zwei Jahreszeiten zu. In der, die jetzt herrscht, warten die Tornados auf die Sommersaison. Alle anderen Lebewesen, die sonst durch die Great Plains streifen, haben sich in ihren Quartieren verkrochen. Im skeptischen Iowa glauben sie nicht einmal, wenn es um Wind und Wetter geht, an bessere Zeiten.

In der Nacht vom 17. auf den 18. Januar 1988 fegt durch Spencer, Iowa, eine Stadt am nordwestlichen Rand des Bundesstaats, ein Eissturm, der selbst das Atmen fast unmöglich macht. Die Temperatur ist bis zum Morgen dieses Montags auf fünfzehn Grad Minus gesunken. Ohne den Wind ließe sich das, bei angemessener Kleidung, zwar aushalten, aber das müsste dem Wind jetzt schon einer sagen. Das Terrain ist nach allen Seiten offen, wie ein Spielfeld ohne Tribünen. Einer dieser Spencer-Winter, bei denen man sich fragt, was die ersten Siedler, als sie sich hier niederließen, sich dabei wohl gedacht haben könnten.

Spencer ist ein Städtchen, das noch wie zu den Zeiten der Präsidentschaft von Franklin D. Roosevelt aussieht. Herausgeputzt, mit genau dem Quantum Schäbigkeit, das man braucht, wenn man nicht wie ein von Touristen angesteuerter Museumsort aussehen will. Eine Prise New Deal hier, ein Stückchen vom ländlichen Amerika da. Man könnte sich sogar Kutschen auf den Straßen vorstellen, oder die quer zu den Bürgersteigen geparkten Packards, Fords, Buicks und Chevrolets aus den Jahren, in denen auch die Traktoren von John Deere ihren Siegeszug antraten und die Great Plains zu einem landschaftlichen Zwitterwesen aus Garage und Kornkammer machten. In Spencer kreuzen sich die US-Highways 18 und 71. Gemeinsam ziehen sie über die Grand Avenue, die Haupteinkaufsstraße, und laufen an deren Enden wieder voreinander davon.

Am südlichen Rand des ersten Blocks westlich der Grand Avenue, zwischen East 3rd und East 4th Street, liegt die Spencer Public Library. Ein Neubau, 1971 im Stil einer Baukastenmoderne errichtet, deren Entwürfe auch für Garagen und Parkhäuser taugen. Behaust mit Büchern leben geht eigentlich anders. Vor allem im Winter, in Spencer, an einem Montag wie dem, der gerade beginnt.

Vicki Myron, die Direktorin der Bibliothek, ist nie ein Morgenmensch gewesen. Das macht ihr an Tagen wie diesem zu schaffen. Sie fährt ihren Wagen, wie immer um diese Zeit, auf den Parkplatz genau gegenüber. Ihr erster Gedanke, als sie die Bibliothek aufschließt, gilt deren Erbauern. Wessen Idee, fragt sie sich, könnte es gewesen sein, im Norden von Iowa ein Gebäude ganz aus Beton und Glas hinzustellen. Eines, das, obwohl die Heizung die ganze Nacht lief, in seinem Inneren einer Kühltruhe gleicht.

Drive In ist eine der amerikanischen Gepflogenheiten, mit denen Europäer bis heute nicht richtig etwas anfangen können. In der Bücherei gibt es eine Box, eine Metallkiste mit einer Klappe, aus der seitlich eine Schütte durch die Hauswand aufsteigt. Auf der Straßenseite endet sie in einem Briefschlitz von etwas größerem Zuschnitt. Ein Drive In für Leser, die auch außerhalb der Öffnungszeiten und praktisch aus dem Auto heraus die Bücher, die sie ausgeliehen haben, wieder loswerden können. Das funktioniert leidlich. Manchmal finden sich Schneebälle in der Box, Getränkedosen, ein Knallfrosch und weiterer Müll. Auf der anderen Seite der 3rd Street liegt eine Schule. Öffentliche Einrichtungen vertragen sich nicht immer gut miteinander.

Auch an diesem eisigen Morgen steckt wieder etwas im Schlitz. Es macht sogar Geräusche. Ein alter Mann, so kommt es Vicki Myron vor. Einer, der sich zu räuspern versucht. Aber dafür ist die Öffnung zu klein. Im Rückgabebereich, außen, blockiert ein Buch den Zugang. In

90

der Box, innen, türmen sich Bücher. Mitten drin, halb gelähmt, liegt ein Kätzchen, so dünn, dass man jede Rippe sieht und keinen Laut von ihm hört. Es öffnet nur ausdruckslos sein winziges Maul, will klagen, aber das führt zu nicht viel.

DIE STUNDE DER BIBLIOTHEKARE

Wer je versucht haben sollte, eine Katze zu waschen und danach auch noch zu föhnen, wird immer wieder davon erzählen. Mit viel Glück geht so etwas ohne Narben aus. Nur der Fußboden liegt wie durch ein Schaumbad gezogen vor einem, und mit dem Föhn muss man beim Elektriker vorbeischauen.

Sie versuchen es trotzdem. Der Tierarzt von Spencer wird seine Praxis erst in einer Stunde aufmachen. Die Katze, ein Kater, friert jetzt. Sie seifen ihn ein. Viel graues Wasser fließt aus seinem bald orangerot strahlenden Fell. Er wird kleiner und kleiner. Sieht zuletzt wieder wie ein Neugeborenes aus, mit zu großen Augen und Ohren und nicht mehr als einem Körperchen, dessen Zittern schon nachlässt. Ein Schnurren kommt dafür auf, die rätselhafteste Form, mit der Katzen entweder Wohlbehagen ausdrücken oder sich einer Situation stellen, gegen die sie sowieso nichts ausrichten können. Wie in diesem Fall. Nässe und Seife sind nichts, gemessen an der Kälte, der er sich gerade noch ausgesetzt sah.

Kaum durch den Föhn, ist das Tier wieder groß. Nicht riesig; acht Wochen alt, mutmaßen sie, dürfte es sein. Aber mit Haltung, das zeigt der Kater schon jetzt. Den Ballen an seinen Pfoten hat der Frost so zugesetzt, dass sie ihm bald abfallen werden. Ballast aus einem früheren Leben. Er kann kaum das Gleichgewicht halten.

Unsicher, und doch auf eigenen Füßen, mögen sie auch Schaden genommen haben. Zäh gegen sich, aber nicht verbissen, das zeichnet ihn aus. So erobert er die Herzen der Bibliothekare, der Stadt, des ganzen Landes, und am Ende wird er so berühmt, dass alle Welt über ihn redet und, wenn es sich einrichten lässt, bei ihm vorbeischauen will. So steht es in den Briefen, so dankt man es ihm später in den Mails, die ihn erreichen.

Es ist natürlich, erste Lektion, nicht so einfach, in einer öffentlichen Bibliothek aus einer Kiste zu springen. Auch dann nicht, wenn man erst einmal gar nichts dazu beigetragen hat, sondern bloß wie ein Findelkind durch einen Briefschlitz gesteckt wurde. Da gibt es Gremien, die Aufsicht führende Personen, den Bürgermeister, einen notorischen Nichtleser, dessen Amtszeit gerade abläuft. Vicki Myron hält es für unwahrscheinlich, dass er von der Existenz einer Bibliothek in Spencer überhaupt etwas wusste.

Der Kater, zweite Lektion, kann nicht namenlos bleiben. Alle lieben ihn in der Bibliothek. Alle wollen ihn rufen. Er befindet sich nämlich, das ist keinem entgangen, in seinem Element. Hinter Büchern, in den altmodischen Kästen mit den Katalogkarten ganze Tage aussitzen, sich in einer Armbeuge, von der er gerade Besitz ergreift, von A nach B tragen lassen: Nicht mehr, und nicht weniger soll es fortan sein. Nur ein Name, der muss noch her.

Sie nennen in DEWEY, nicht nach John Dewey, dem Philosophen, Pädagogen und Vordenker des Pragmatismus, sondern nach der Dewey-Dezimalklassifikation. Bei der handelt es sich um ein System, mit dem Bibliothekare Ordnung in die Schätze bringen, die man ihnen anvertraut hat. Ein anderer, Melvil Dewey, steht Pate für das in seinen Grundzügen von Gottfried Wilhelm Leibniz erdachte System. Die meisten der öffentlichen Bibliotheken in den USA arbeiten mit ihm.

Weil sich das aber so strohtrocken anhört und die Öffentlichkeit, nach einem ersten Artikel im SPENCER DAILY REPORTER, bereits auf ihn aufmerksam wurde, sollte der Name schon für ein bisschen mehr Wirbel sorgen. Für die Bibliothek vor allem, die sich zwar nicht in einer Schräglage befindet, die aber, wie alle öffentlichen Bibliotheken, jeden Einsatz verträgt. Vicki Myron ist auf dem Gebiet äußerst versiert.

Langnamen sind selten bei Katzen. Langnamen, mit einer Werbebotschaft verknüpft, kommen noch seltener vor. Dewey, für den der eine, mit dem man ihn ruft, vollkommen genügen würde, kriegt deswegen gleich drei: DEWEY READMORE BOOKS. *Support Your Local Library*, so war das gemeint.

Wie so etwas dann wirklich endet, weil alle Beteiligten Pragmatiker sind, hat Vicki Myron in einer Fußnote hinterlassen: »Ich bin sicher, wir hätten ihn SIR-DEWEY-LIES-MEHR-BÜCHER genannt, wenn wir daran gedacht hätten, aber wir waren nicht nur Bibliothekare, wir kamen aus Iowa. Wir machten uns nichts aus Glanz und Gloria. Er hörte stets auf seinen ersten Namen oder gelegentlich einfach auf DEW.«

IM LABYRINTH

Büchergebirge, wie klassifiziert sie auch sein mögen, stoßen bei Katzen vor allem deswegen auf höchstes Interesse, weil sie Rückzugsräume in alle Richtungen bieten und sich bestens für Erkundungsfahrten jeden Zuschnitts eignen. Auch dabei, die nächste Lektion, geht es weniger um literarische Vorlieben und mehr, ganz pragmatisch, um das Arrangement der Bücher in seiner räumlichen Dimension und nach dem linearen Verlauf der Fach- und Sachgebiete, denen man sie zugeordnet hat.

Unsere Katze Gro, mit ihrer Vorliebe für eine neunbändige Ausgabe der Werke von Jorge Luis Borges, hinter der sie sich einzunisten verstand, hatte sich die nicht ausgesucht, weil sie sich von den Labyrinthen angelockt fühlte, die sich in Borges Texten verzweigen. Ihre Zuneigung zu dem blinden Seher verdankte sich ausschließlich der Einsicht, dass die Bände der HANSER-Ausgabe niedrig genug waren für einen bequemen Weg über sie hinweg ins Regal. Die Rückseite der Literatur hat es Katzen weit mehr angetan als alles, was uns als Buchrücken ins Auge springt. Ob frei sortiert oder der Dewey-Klassifikation unterworfen, darauf kommt es nicht an.

Für Dewey kam eines hinzu: Die Box, in die man ihn geschoben hatte, muss ihm wie ein Ort vollkommener Unordnung erschienen sein. Das wäre, unter normalen Umständen und nicht in einem der Winter von Spencer, für ihn leicht zu ertragen gewesen. Er konnte, nach der Erfahrung, die er gemacht hatte, nur zu dem Schluss gelangen, dass es zwischen einem Haufen ungeordneter, herumliegender Bücher und der klirrenden Kälte, unter der selbst die sich zu krümmen scheinen, einen ursächlichen Zusammenhang gab. Bibliotheken dagegen sind labyrinthisch, warm und geordnet. Gut erschlossenes Gelände für den aufrechten Gang.

Labyrinthischer, auf eine nicht ganz so erträgliche Weise, ist nur die Bürokratie. Kaum hat sie von Dewey gehört, muss sie sich seiner annehmen, in Gestalt einer besorgten Öffentlichkeit. Besorgte Öffentlichkeit in den USA artikuliert sich meistens über ein Gesundheitsproblem. Was man den Katzenallergikern denn sagen soll, wenn die sich in Zukunft in Spencer ein Buch ausleihen wollen? Und wer wird, sollten die Reaktionen so ausfallen, wie man das befürchtet, für die Behandlungskosten aufkommen? Das bedarf doch der strikten Regelung, im Sinne einer in den USA den wenigsten geläufigen Tugend.

Dewey meistert dann aber doch all diese Schwellen. Die Bibliothekare leisten ihren Beitrag dazu. Sie haben, mitten in der Wirtschaftskrise, die Iowa seit den Achtzigerjahren wieder einmal fest im Griff hält, aber auch noch andere Aufgaben. Die Preise für Farmland verfallen. Spar- und Darlehenskassen, das Rückgrat der mittelständischen Wirtschaft in den Kleinstädten und im ländlichen Raum, brechen zusammen. Nach dem Rückzug von LAND O'LAKES, einem Lebensmittelproduzenten, steigt die Arbeitslosigkeit in Spencer auf zehn Prozent.

Die Bibliothekare ziehen eine Jobbörse auf. Mit moderner Computertechnik, sie sind Pioniere, beinahe die ersten, die sie zu nutzen verstehen. *Lest mehr Bücher, das kann jetzt nicht schaden. Wir wollen euch ja nicht nur unterhalten. Wir wollen auch etwas beisteuern zu dem Fachwissen und zu den Fertigkeiten, die ihr brauchen werdet, um die Krise zu meistern. Die wir alle brauchen werden. Wir stehen im Dienst der Öffentlichkeit. Wir aus Iowa. Unterkriegen lassen wir uns doch nicht.*

Dewey hat, bei dieser Gemeinsinn beschwörenden Trotzreaktion, nicht die den Ausschlag gebende, aber eine gewichtige Rolle gespielt. »Er brachte«, Vicki Myron spielt den Beitrag, den er dabei leistete, fast herunter, »niemandem das Essen auf den Tisch, er schuf keine Arbeitsplätze und verbesserte unsere wirtschaftliche Situation nicht. Aber eine der schlimmsten Begleiterscheinungen von schlechten Zeiten ist die

94

Auswirkung auf das Gemüt. Schlechte Zeiten kosten Energie. Sie belasten die Gedanken. Sie verderben alles im Leben.«

Ein Farmarbeiter schaut jeden Tag bei den Bibliothekaren vorbei, einer in Jeans und Hemd, so auf die Iowa-Art. Blättert in den Jobangeboten und muss sich dabei des Katers erwehren, den er nicht ausstehen kann. Das geht so über Wochen. Der Mann hat seinen Stolz, aber er scheint müde zu werden. Der Kater nie.

Er kämpft und sitzt eines Tages als Sieger auf seinem Schoß. Ein Beispiel dafür, wie man es im Leben anstellen sollte, das wäre, als Schluss aus dieser Episode, wohl überbewertet. Aber was spricht dagegen, sich in bösen Zeiten einen wie Dewey bei sich zu wünschen. Einen, der sich tatsächlich ins Gemüt pirscht und die Gedanken vertreibt, die einem alles verderben. Katzen müssen sich bei dem, was sie bewirken, nichts denken. Ihre Anwesenheit zählt.

Dewey wird, als sich das herumspricht, mit einem Schlag sehr berühmt. Nicht als Gottkater oder König der Farmer von Spencer. Zu viel der Ehre. Sie gebührt einfach dem Umstand, dass er, in einer für ihn wie für alle in seiner Umgebung schwierigen Lage, sich imstande zeigt, ein Exempel zu setzen. Selbstbehauptung erlangen und eine Zuflucht finden, das schließt sich nicht aus. Fernsehteams reisen an. Reporter schauen vorbei. Sogar Japaner, Belgier und Bewohner von Illinois, die einen Umweg von vierhundert Meilen dafür in Kauf nehmen, wollen ihn sehen. Gäbe es bei NEWSWEEK diesen Titel, er wäre ihm sicher: CAT OF THE YEAR!

Warum ausgerechnet dieser Kater zu einem Hoffnungsträger aufsteigt, auf den die halbe Welt schaut, ist nicht leicht zu ergründen. Bibliotheken sind, in den kleinen Städten der Vereinigten Staaten, Orte des Gemeinsinns. US-Amerikaner sind bis heute auf eine manchmal naiv anmutende Weise buchgläubig geblieben. Am Anfang war das Wort. Alles, was nach diesem Schöpfungsakt gesagt wurde, steht in der Bibliothek. Einsichten, Hoffnungen, Hilfe für den Alltag, Trost und Rat, all das findet sich in diesem Mikrokosmos der Einkehr und der Stille.

Dass Dewey sich einen solchen Ort aussuchte, ließ ihn wie ein der Magie solcher Bücherwelten ergebenes Wesen aussehen. Von der Rolle, die ihm zugefallen war, konnte er nichts ahnen. Etwas anderes, als sie auszuleben, blieb ihm nicht übrig. So ungerührt, wie er sich angesichts der auf ihn gerichteten Erwartungen zeigte, bestätigte er damit nur, dass sich hier etwas Magisches abspielte. Ein Kater, unter Bücher geraten und seines Lebens dort froh geworden, während die Wirklichkeit draußen den Menschen nur Rätsel aufgab. Dewey musste jedem, der sich das anschaute, wie Rätsel und Lösung in einem erscheinen. Befremdlich, aber genau deswegen ein Anlass, wieder zu hoffen.

AUF DER FLUCHT

Einmal, ein einziges Mal, im Sommer 1989, büxt er aus. Der Mais wird in dieser Zeit auf die halbe Höhe gekappt. Es riecht sehr nach draußen, und das beflügelt die Phantasie einer drinnen lebenden Katze. Die Bibliothek ist umgebaut worden. Dewey hat drei Wochen im Haus von Vicki Myron verbracht. Mit den Eindrücken von dort, zurück unter Büchern und wieder zuverlässig umschlossen von Glas und Beton und doppelten Türen, kommt er nicht klar.

Er läuft nicht entschieden davon. Er lässt sich bloß von der allen Katzen eigenen Neugierde treiben. Macht sich, so sehen die Menschen an seiner Seite das anfangs, vielleicht auch nur einen Spaß daraus, ins Regal-Labyrinth abzutauchen und dort so lange zu bleiben, bis alle sich einbilden, dass er nur draußen sein kann. Wenn sie dann herausfinden, dass sie bloß hinters Licht geführt wurden, fangen sie an, nachsichtig zu werden. Das ist die Chance, auf die er wirklich wartet. Sie schauen nicht mehr genau genug hin. Jetzt zieht er los.

Es herrscht viel Aufregung in den folgenden Tagen. Schließlich ist ja nicht einfach nur ein langhaariger, orangefarbener Kater abgehauen, sondern ein Tier, auf das die ganze Nation schaut. Die Besucher fragen schon. Seine Fans laufen die Bürgersteige auf und ab. Die Zeitung ruft an. Vicki Myron begreift, dass er nicht nur der Bibliothekskater für alle ist, sondern auch ein Tier, das sie liebt. Aushänge, vielleicht findet ihn dann einer. Der Radiosender, die können immer was machen.

Bevor all die Maßnahmen greifen, ist er schon wieder zurück. War nicht weit gekommen, bis zur Grand Avenue um die Ecke, unters Hinterrad eines dort geparkten Autos. Natürlich muss er zwischendurch noch woanders gesteckt haben, so ölverschmiert und verschrammt, wie er vor ihnen steht. Mit einem Riss im Ohr. Reif für ein Bad. Das zweite in seinem Leben, nach dem, das sie ihm bei seiner Ankunft spendiert hatten.

Er hat das gebraucht. Sie müssen nie wieder reden darüber. Er zieht ein zweites Mal ein, entschlossen, die Bibliothek ab sofort für den Teil der Welt zu halten, der ihm zusteht und für den er Verantwortung trägt. Kein Spähen mehr nach der Doppeltür, durch die er ausgebüxt ist –, sechzehn Jahre lang.

EIN TODESVERSUCH

Das Erstaunliche an unseren Reaktionen auf den Tod von Haustieren ist, dass sie intensiver als die auf den Tod von uns nahe stehenden Menschen ausfallen können. Am wenigsten hat das mit fehlgeleiteter Liebe zu tun, obwohl dieser Zustand bekannt ist und vorkommen kann. Wir neigen, wenn wir nicht beteiligt sind und ihrer ansichtig werden, dazu, die Nase zu rümpfen. Ein Tier gilt ja, irgendwie, den meisten als eine Sache. Die verliert man, und damit hat es sich dann.

Solche Empfindungen werden dem nicht gerecht, worum es tatsächlich geht. Die Lebenserwartung einer Katze liegt heute bei annähernd fünfzehn Jahren. Sie steigt, seit wir Whiskas kaufen und Scharen von Tierärzten uns Rechnungen schreiben. Das ist nicht immer so gewesen. Achtzehn Katzenjahre sind noch nicht die Regel, aber durchaus wahrscheinlich. Dewey hat es darauf gebracht.

Das Problem, das sich uns mit dem Ableben unserer Katzen stellt, hat etwas mit der Dauer unseres Lebens zu tun. Die dehnt sich, soweit Glück und Gesundheit es zulassen, ebenfalls von heute auf morgen über den Durchschnitt von vor einem Jahrhundert, einem halben Jahrhundert, einem Vierteljahrhundert, einem Jahrzehnt.

Der Tod der Tiere, die wir lieben, verstört uns deswegen so sehr, weil ihr Ende so weit vor dem unseren liegt. Sie zeigen uns schon, was Sterben bedeutet, wenn wir noch nicht einmal herausgefunden haben, worum es im Leben überhaupt geht. Sie erreichen ein Alter, das dem der Pubertätsjahre eines Kindes entspricht. Das mag uns suggerieren, dass sie, gerade erst zu vollwertigen Wesen geworden, schon wieder abtreten müssen.

Dewey, der Bibliothekskater, in ein Leben unter Büchern geworfen, das ihn zu einer Berühmtheit machte, stirbt an einem Tumor in seinem Magen. Ein Tierarzt erledigt das. Sie nennen es fast alle heute, und erschrecken, wenn sie dieses Wort aussprechen, *Euthanasie*. Das geliebte Tier ist, an dieser letzten Lebensstation angelangt, tatsächlich wieder zu einer Sache geworden. Dazwischen liegt, von dem Tag an, an dem es durch einen Briefschlitz gesteckt wurde bis zu der Sekunde, in der die Nadel einer Spritze ihm Licht, Herzschlag und Atem nimmt, eine Zeit, die jede Beachtung verdient.

SIBIRISCHE TIGER
TAGE DES ZORNS

JAGDGLÜCK

Der Wald von Primorje, von dem die meisten Menschen noch nie etwas gehört haben dürften, steht wie eine Schatzkiste da. Lauter Bäume, wie man sich das meistens vorstellt, wenn man nicht zu genau wissen will, was sich in den Wäldern verbirgt. Sie könnten ja, selbst in den seelenlosen Baumplantagen von West- und Mitteleuropa sollte man das nicht ausschließen, ein Geheimnis bergen, eine Anomalie, mit der man gar nicht mehr rechnen konnte.

Der Wald, das ist ein Zusammenspiel von Lebensformen in einer Fülle, wie sie sich nur im Boden unter unseren Füßen noch einmal findet, dort, wo die von uns missachteten Kleinstlebewesen ihr eigenes Universum bevölkern. Wir gehen meist achtlos darüber hinweg oder zertreten es in all seiner Vielfalt. In einem Wald gerät man leicht selber in eine solche Position. Im Wald braucht man nicht nur den Gendarmen, wenn sich dort die Räuber aufhalten. In einem Wald wie dem von Primorje kann es auch nicht schaden, wenn man den Wildhüter kennt.

Primorje, das ist ein Wald voller Bäume und ein Wald voller Diebe. Das eine hat mit dem andern zu tun. Eine Landschaft, so beschreibt sie

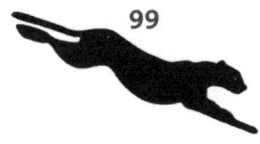

99

John Vaillant, der, auf der Suche nach dem sibirischen Tiger, jeden Winkel von ihr zu vermessen versuchte, mit klaustrophobischen Zügen. Russisch, sibirisch, arktisch und subtropisch in einem, ein Eldorado, dem zwar das Gold fehlt, aber das Holz wiegt das auf. Es ist das wohl unwahrscheinlichste Nebeneinander von Pflanzen und Tieren außerhalb der tropischen Regenwälder.

Primorje ist außerdem der Schauplatz vielfältiger Verflechtungen von Makro- und Mikroökonomie. Die großen, die Weltmärkte, saugen die Primorje-Wälder aus, so gut sie das können. Aber es gibt da ein Problem. Die Region liegt weit ab von allem. Wladiwostok, das russische Tor zum Pazifik, ist ein Hafen faktisch ohne Hinterland. Eine Fahrt mit der transsibirischen Eisenbahn nach Moskau dauert zwei Wochen. Nimmt man das Schiff, muss man die gesamte eurasische Landmasse damit umrunden. Der Luftverkehr verkürzt zwar die Wege, ist aber mit sämtlichen Risiken und Nebenwirkungen des noch längst nicht überall untergegangenen Sowjetsystems kontaminiert. Die Reichtümer des Primorje zu bergen ist eine vergleichsweise leichte Übung, gemessen an den Anstrengungen, derer es bedarf, um sie an den Ort ihrer Bestimmung zu schaffen.

Die Mikroökonomie dort ist dagegen eine, in der schon ausgesprochen postsowjetische Verhältnisse herrschen. Eine der Eigenheiten des Sozialismus bestand darin, dass, wo die Wirtschaft versagte, vor allem bei der Produktion von Konsumgütern, jeder jeden nachsichtig beklaute. Der Diebstahl als Gesellschaftsgrundlage ließ das Volksvermögen vollends dahin schmelzen, aber er sorgte auf stets undurchschaubare Weise auch dafür, dass das eine oder andere Gut halbwegs zuverlässig in die richtigen Hände gelangte.

Im Wald voller Diebe, als der Primorje heute dasteht, hat man dieses System perfektioniert. Es ist eines des Nehmens und Gebens und übers Ohr Hauens jenseits moderner Geldökonomie. Eine Waldwirtschaft, in der Pilze, Reißer, Beeren, Honig, Benzinrationen, die Zapfen von Koreatannen, Äxte, Motorsägen und geländegängige Fahrzeuge getauscht werden. Es ist nahezu unmöglich, einen Holzfäller von einem Wilderer zu unterscheiden. Die einen gleichen den anderen darin, dass es in bei-

den Fällen fürs Leben wie fürs Sterben nicht reicht. Den Polizisten, die sich das Tag für Tag anschauen müssen, entgeht das nicht. Sie schreiten nur ein, wenn es zum Äußersten kommt.

Eines der begehrtesten Objekte in diesem System postsowjetischer Waldwirtschaft ist der Tiger. Man sollte sich, das wissen alle, nicht anlegen mit ihm. Er ist das exemplarische Beispiel für einen Fressfeind, der keinerlei Anpassung kennt. Selbst Bären und Wölfe sind vor ihm nicht sicher. Er jagt Lachse, verschmäht den Fuchs nicht, lässt keinen Hirsch stehen und keine Ente ungeschoren und holt sich, sollte der ihm in die Quere kommen, auch einen Menschen. Gefährlich wird ihm eigentlich nur die Nachfrage nach allem, woraus er selber besteht, vom Fell bis zur Gallenblase.

Einen Mantel aus dem Fell eines sibirischen Tigers sollte man zwar nicht tragen, weil sich sonst doch noch entweder das Gesetz oder der nächste Dieb blicken lässt. Am besten, man umbaut ihn mit einem Schrank und legt sich nach der Tigerjagd für die Mottenjagd auf die Lauer. Mit den inneren Organen des Tigers, samt Klauen, Zähnen und selbst den Knochen kann man vor allem in China bestens Geschäfte machen. Nahezu alle Produkte organischer Herkunft, so sie nur exotisch genug sind und mit Mythen behaftet, finden dort in der traditionellen Heilkunst Verwendung oder werden zur Hebung der Manneskraft eingesetzt. Manchmal werden die Tiger im Primorje TOYOTA genannt. Man kriegt einen nagelneuen Toyota für ein Exemplar.

Die russischen Wälder sind, seit Michail Gorbatschows Perestrojka auch dem sowjetischen Militärapparat den Boden unter den Füßen wegzog, auch eine Schatzkiste, randvoll mit Waffen und Munition. In den Jahren nach dem Untergang konnte sich nahezu jeder bedienen, und nahezu jeder verstand sich auf den Umgang mit in den Stützpunkten liegengelassenem Material. Die lustigen Mützen der Offiziere und Mannschaften schafften es auf die Tapeziertische der fliegenden Händler in Berlin, Warschau, Budapest oder Prag. Bei den Waffen versorgten sich alle nach Bedarf und behielten sie meistens für sich. Im Primorje hat fast jeder etwas aus diesen Arsenalen zuhaus.

Die Vorstellung, man könne einen sibirischen Tiger mit dem Schießgewehr erledigen wie ein Knabe den hölzernen Vogel, den man in Sichtweite seiner Armbrust auf einem Schützenfest vor ihm aufgestellt hat, ist nicht nur naiv. Sie ist der sichere Weg in den Tod. Man kann der Spur des Tigers folgen und sich allein deswegen schon sehr viel Ärger einhandeln. Nicht selten schlägt er dann im Wald einen weiten Bogen zurück zu seiner eigenen Spur. Im Rücken des Jägers hat er jeden Vorteil für sich.

»Bevor du den Tiger einmal gesehen hast«, sagen die Taigajäger aus dem Wald von Primorje, »hat er dich schon hundertmal gesehen.« Steht man, mit einem geladenen Gewehr in der Hand, dann vor ihm, kann man nur feuern und hoffen. Die Hoffnung stirbt zuerst, selbst wenn man ihn mitten ins Herz treffen sollte. Ein Tier von dreihundert Kilogramm Lebendgewicht holt sich noch im Todeskampf seinen Jäger. In den meisten der irgendwann erlegten Tiger stecken Kugeln wie Grabbeigaben ihrer nach dem Schuss gerissenen Opfer. Der Schmerz, der ihnen zugefügt wird, betäubt sie nicht. Er reizt sie bis aufs Blut.

Ein Gewehr ist, an jedem Ort auf der Erde, nicht nur ein Gegenstand aus der mechanischen Welt. Es ist ein lebendiger Organismus, ein sich dehnendes, verkürzendes, weitendes, seine Proportionen wandelndes Gebilde. Frost und Hitze, Wartung, Lagerung, regelmäßiger oder gelegentlicher Gebrauch, all das bedarf der Aufmerksamkeit des Schützen. Einfach die Waffe aus dem Schrank holen und losballern, das geht nicht mal, wenn man bloß beim Jahrmarkt auf Luftballons schießen will.

Im Winter 1997 stößt Wladimir Markow, ein Wilderer und Überlebenskünstler aus dem Primorje mit einer Hütte mitten im Wald, nicht weit von seiner Unterkunft auf die Überreste eines Wildschweins. Ein Glücksfund, so sieht er das. Seine Flinte taugt nicht sehr viel, einläufig, wenig treffsicher, die Karikatur von einem Gewehr. Das Fleisch lockt ihn. Es wurde, erkennbar, von einem Wildtier gerissen, einem Tiger, wie er vermutet. Er greift zu seinem Messer und schneidet ein Stück für sich ab. Er ahnt nicht, dass er beobachtet wird.

DER IMKER VON SOBOLNJE

Markow ist zu Sowjetzeiten aus Kaliningrad nach Sobolnje gekommen. Die weiteste im russischen Imperium vorstellbare Reise. Sie macht ein Viertel des gesamten Erdumfangs aus. In den Wäldern des Primoje ist er schnell heimisch geworden. Sie bieten den Menschen nicht wirklich ein Auskommen. Das jedoch ist in Kaliningrad nicht anders gewesen. Er hat sich mit der Waldgemeinschaft, die als gefährlich gilt, im Zusammenleben der Menschen wie mit den Tieren, so weit arrangiert, wie das geht. Seinen Lebensunterhalt verdient er, wie alle, auf eine eher undurchsichtige Weise. Bekannt ist, dass er Bienen züchtet und in der Mikroökonomie des Primorje Honig absetzt.

Markows Beine stecken am 5. Dezember 1997 noch in seinen Stiefeln. Die Unterschenkel, mehr ist von ihnen nicht übrig. Weiß, abgenagt bis auf die Knochen. Sein Kopf liegt im Schnee, ohne Gesicht. Ein zerfetztes Hemd. Im Ärmel noch ein Arm. Daneben ragt, rosa verfärbt, aus dem Schnee das Hinterbein eines Hundes. Im Patronengurt des Mannes, dessen Überreste verstreut liegen, stecken noch drei Patronen. Das Gewehr ist nirgends zu sehen.

Eine Tigerspur führt zum Schauplatz des Geschehens. Eine Tigerspur führt von ihm weg. Eine mit einer Blutspur in jedem vierten Tritt. Nur ein paar Tröpfchen. So, wie es aussieht, ist der Kampf ungleich gewesen. Für Markow ist er tödlich ausgegangen. Aber auch sein Gegner, der Tiger, hat Schaden genommen. Wenn man sich im Wald aufhält, wächst die Gefahr in so einem Fall.

Es gibt eine Sprache des Waldes. Sie ist universal, weshalb sie alle verstehen. Es ist keine von der Art, mit der Individuen untereinander kommunizieren. Auch nicht so wie zwischen Herr und Hund, nach einem berechneten Schema von Reiz und Reaktion. Sitz oder Platz, und zuletzt von der Hundeschule ein Zertifikat.

Die Sprache des Waldes, die alle verstehen, muss man sich als einen von vielfältiger Wahrnehmung und Abhängigkeit hervorgerufenen Schwebezustand vorstellen. Mit den Krähen fängt es an. Sie sind Aasfresser, folgen dem Tiger und kreischen über den Überresten seiner Beute so lange, bis er sich davongemacht hat. Sie sind wie Möwen, die sich um den Beifang schon streiten, bevor er von einem Fischerboot zurück ins Wasser geworfen wurde. Ein guter Indikator für ein vorhersehbares Geschehen. Sie kennen sich damit aus und wissen, dass sie davonfliegen können.

Die Hunde wissen umso präziser, was sie erwartet. Sie müssen sich nur anschauen, was vor ihnen liegt. Anders als den Krähen ist ihnen klar, dass sie die Hinterlassenschaft des Tigers besser nicht antasten sollten. Ein Hundeleben ist auch ohne einen Tiger in der Nähe sehr kurz. Ihnen sträubt sich das Fell, wenn sie seine Anwesenheit spüren. Den Geruch seiner Ausdünstungen wahrnehmen, diese Zeichen einer in Stille versunkenen Omnipräsenz. Tiger verbreiten, nicht dauerhaft, aber bei Bedarf, einen überaus markanten Geruch: Moschus-Alarm. Ich, lautet ihr Beitrag zur Sprache des Waldes, bin überall da, wo ihr nicht mit mir rechnet.

Den Menschen fällt es am schwersten, ihren Part in diesem Konzert zu finden. In den Wintern geht es im Wald von Primorje so lautlos zu wie auf dem Mond. Unter den eigenen Füßen knirscht zwar der Schnee. Bleibt man aber stehen, ist es damit vorbei. Irgendetwas könnte einen in dieser Schrecksekunde anschauen, aber es gibt keinen Laut. Gut, dass man die Krähen hat, und die Hunde. Jetzt, im Angesicht der Überreste des Imkers von Sobolnje, wissen alle, dass da noch etwas ist. Ein Atemstoß sagt es ihnen, eine Art Grollen. Keine zehn Meter vor ihnen ist es stark genug, einer Kiefer ihre Schneelast zu nehmen.

Juri Trusch, der das Unternehmen anführt, das den Tod von Wladimir Markow aufklären soll, ist ein mutiger, umsichtiger Mann. Ein Fährtenleser und Forstexperte, kein Draufgänger, aber ein Kämpfer. Er gehört zur INSPEKTION TIGER, einer Einheit, die das Wildern eindämmen soll. Die Population der Amur-Tiger ist seit den Sowjetzeiten stabil. Erste Schutzmaßnahmen wurden 1947 verfügt. Der illegale Abschuss wirkt sich bis heute auf den Bestand der Art nicht im Sinne einer Existenzgefährdung nachteilig aus.

Für Juri Trusch wird Markow der Fall seines Lebens. Er trägt ihn in eine Spiegelwelt, in der die Hierarchie der Hackordnung im sibirischen

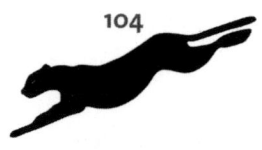

Dschungel außer Kraft gesetzt scheint. Der Tiger verlässt den ihm eigenen Lebensraum und wechselt in die Welt der Menschen hinüber.

VIER PFOTEN

Das erste, was Juri Trusch voranbringt, ist die Blutspur, die sich aus der Tigerspur herauslesen lässt. Sie zeugt nur von einer Verwundung. Sie werden dieser Spur folgen müssen, auch wenn das den Hunden missfällt. Den Menschen nicht weniger. Ihre Gewehre sind wirklich schlecht. Wenigstens haben sie einen Lastwagen, ein eigens für die Aufgabe, die ihnen gestellt wurde, hergerichtetes, robustes Modell mit ausreichend Treibstoff im Tank.

Wirklich sicher, das wissen sie auch, ist man nirgends. Die Tiger haben auf dem wild verzweigt durch sein Bett strömenden Bikin, einem Nebenfluss des Ussuri, schon Menschen aus ihren Booten geholt. Man muss die Lachse nicht selber fangen, mögen sie gedacht haben. Man kann sie auch rauben. Aber das sind nur Zuschreibungen aus der Menschenwelt.

Es handelt sich dabei um ein Naturgesetz, wie es in dieser unmissverständlichen Geradlinigkeit an kaum einem anderen Ort der Erde noch gilt. Die Herrschaftsansprüche anderer Großkatzen, und erst recht die ihrer domestizierten Nachfolger, haben sich auf eine überaus komplizierte, von Selbstbehauptung wie Anpassungsvermögen im Gleichgewicht gehaltene Weise ausdifferenziert. Der Amur-Tiger ist eine Basta-Katze. Er holt sich ein Boot, samt Ladung und den Menschen darin, denn das steht ihm zu. Die Entscheidung über Wohl und Wehe seiner Opfer trifft er aus dem Augenblick heraus. Strategisches Denken erübrigt sich, solange man unangefochten Alleinherrscher ist.

Als sie Markow in Sobolnje begraben, verstehen sie zum ersten Mal das ganze Ausmaß der Vorgänge, auf deren Spur sie sich befinden. Seine Frau Borissa hatte ihm, bevor er in den Wald zu seinen Bienenstöcken aufgebrochen war, einen neuen Anzug beschafft. In dem würde sie ihn jetzt gerne bestatten. Es ist aber nicht im Entferntesten genug dafür von ihm vorhanden. Selbst der Sarg wird den Sargträgern so leicht vorkom-

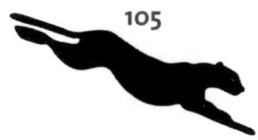

men wie die, in denen sie Kinder begraben. Irgendein ungeheurer Zorn, ein alles auf den Kopf stellendes Ereignis, dämmert es Trusch, verbirgt sich hinter dieser Geschichte.

Sie folgen erst einmal weiter der Fährte. Eine Reise ins Nichts. Trusch ist Ermittler, Kriminalist. Die Sache mit dem Wildschwein macht die Runde. Markow hat Waldarbeitern davon erzählt. Die Presse nimmt auf ihre Art die Witterung auf. Der Imker habe vom Fleisch eines Tigerjungen gegessen und deshalb die Rachsucht des Tiers auf sich gezogen. Trusch bleibt skeptisch und geht den Presseleuten aus dem Weg. Sie brauchen Geschichten. Er eine Lösung des Falls.

Als erste Tatsache stellt sich heraus: Markow hatte Probleme mit einem Tiger. Nicht irgendwie, nicht wegen einer zufälligen Begegnung. Er wurde regelrecht belagert, der Tiger stellte ihm nach. Die Rekonstruktion der von ihm hinterlassenen Spuren führte bald zu einem stimmigen Bild. Der Tiger identifizierte ihn nicht als einen Feind wie jeden anderen. Er sammelte Informationen, zu einer bestimmten Person. Ein Hinweis auf einem Abtritt hier, einer an einem Gegenstand dort. Er zerstörte gezielt Objekte, die mit Markow in Berührung geraten waren. Eine Schöpfkelle, wann hat je ein Tiger sie so verbogen, dass sie danach nur noch wie ein von einer Konservenbüchse übriggebliebener Blechhaufen aussah?

Die Sache, unheimlich genug, fing an, sich in eine Richtung zu drehen, von der alle Beteiligten nicht zu viel wissen wollten. Wir sind ja samt und sonders nicht wirklich raus aus der Natur, selbst mit einer Kalaschnikow in den Händen und *Brehms Tierleben* unter dem Arm. Es gibt da ein Restrisiko. Das Risiko, dass das mit der Krone der Schöpfung, nicht als natürliche Reaktion, sondern als gedankliches Gut auch anderen einfallen könnte. Dass eine Spezies sich anschicken könnte, es uns streitig zu machen.

Dem Tiger, bemerken sie, macht seine Verletzung zu schaffen. Praktisch hat das keinerlei Konsequenzen. Er agiert in seinem Revier. Er ist sich seiner Überlebensfähigkeit sicher. Er versteht sich auf die Kunst, jeden Haken so unerwartet zu schlagen, dass die, die ihm folgen, ihn entweder fürchten oder nicht gut genug aufpassen, wenn er sie umschleicht.

Sie haben ein Anliegen. Was sie *nicht* wissen, ist, dass auch er eines hat. Er ist, faktisch, einer von ihnen geworden. Ein Dieb und Räuber im Wald der Diebe und Räuber.

NUTZTIER WIDER WILLEN

Wären sie, die Tiger, doch nur nicht so stolz. So unantastbar in ihrem Gebaren. So sehr, dass, weiter im Süden die um ihre Manneskraft besorgten Chinesen und andere kaum vernünftiger gestimmte Leute wirklich daran glauben, dass man, wenn man die richtigen Teile einnimmt, man auch die jeweilige Eigenschaft dieses Tieres annimmt. Nicht weil es schmeckt, sondern weil es angeblich hilft, muss das Tier dran glauben.

Beim Amur-Tiger kommt noch eines dazu. Der Umstand, dass im Primorje eine nicht wirklich intakte, aber noch aus sich heraus tragfähige Population lebt, ist das eine. Schön, dass sie noch da sind, viele in Europa und in den Vereinigten Staaten geben dafür ihr Geld. Juri Trusch, mit seiner TIGER INSPEKTION, könnte andernfalls einpacken.

Gerät eine Art, was ihre Ausdehnung angeht, an eine untere, gerade noch vertretbare Grenze, stellen sich Verhältnisse ein, in denen sich manche Verhaltensformen grundlegend verändern. Die Menschenfresser vom Tsavo haben möglicherweise ein Beispiel dafür gegeben. Was bis eben noch selbstverständlich schien und nur eines kurzen Kampfes bedurfte, läuft aus dem Ruder. Man wird, mit seiner ganzen Sippe, am Ende womöglich dran glauben müssen, wenn man nicht jetzt einschreitet.

Die Tiger, die man in Primorje abschießt, in chinesische Apotheken schafft oder als Bettvorleger in Moskauer Penthouses demütigt, denken darüber überhaupt nicht nach. Sie kennen, weil sie Katzen sind, das Kollektiv als Veranstaltungsraum sowieso nicht. Sie können allerdings, und davon handelt der Fall des Imkers von Sobolnje, ein Gespür dafür entwickeln, was ihnen angetan wird. Kein Tiger wird je *Ich* sagen, aber ich brauche es für diesen Fall. Ich reiße ein Wildschwein, und dann kommt einer mit einem Messer vorbei und schneidet sich, ohne mich gefragt zu haben, ein Stück davon ab?

VERGELTUNG

Der Tiger, stellt sich heraus, ließ Wladimir Markow nicht eine Sekunde mehr aus den Augen. Er beobachtete ihn nicht nur. Er speicherte jede Facette seines Verhaltens, inspizierte und sicherte jeden seiner Schritte, behielt, vom Geruch seiner Exkremente bis zu seinen Körperausdünstungen alles in seinem Gedächtnis. Stellte sogar, in den entscheidenden Situationen, vollkommen ungeniert um von Unsichtbarkeit auf Sichtbarkeit. Belagerte ihn vor seiner Hütte, umwölkt von Schnee, eher Verheißung als Drohung.

Es kommt, unter Fressfeinden, und um nichts anderes ging es dabei, der Moment, in dem die eine Seite, die, die dafür bestimmt ist, sich ergibt. Opfer von Löwen- oder Tigerangriffen, die überlebten, haben das immer wieder berichtet: dieser Augenblick des Einswerdens mit etwas vollkommen Anderem, dieser Verfall der simplen und realistischen Vorstellung, man werde in den nächsten Minuten unter unerträglichen Schmerzen zerfleischt.

Wir Fleischfresser sollten es eigentlich wissen. Das Aufnehmen von Elementen eines Lebewesens in unseren Körper bestätigt erst einmal nur, dass wir uns an die Spitze der Nahrungskette gekämpft haben. Der Zivilisation verdanken wir den Metzger. Unserem Begehren das Fleisch.

Jede Hauskatze dagegen jagt nicht anders als die Tiger aus dem Wald von Primorje, und jede Maus oder Ratte ergibt sich ihr am Ende, weil sie ihre Rolle kennt und weiß, dass die Drehbücher für das friedliche Nebeneinander von Wolf und Lamm fromme Lügen sind, die sich vor einem Braten sitzende Menschen ausgedacht haben.

Wladimir Markow ist in eine Situation geraten, in der es nicht darum ging, sich wie eine Maus in einem Kornfeld zu ergeben, mitten im sibirischen Wald. Der Tiger hat, unwiderlegbar, die Rache gesucht. Er zerlegte sogar Markows Hütte, auf der Suche nach ihm. Er stellte später auch Juri Trusch nach, und hätte ihn fast gekriegt. Das wäre das eine.

Mehr ins Gewicht fiel, dass Wladimir Markow einen schweren Fehler beging. Er glaubte sich, mit einem Hund bei sich, einem Gewehr unterm Arm und den Überresten seiner Hütte im Rücken, auf der sicheren

Seite. Der Tiger allerdings wusste, dass Hunde, wenn es darauf ankommt, in seiner Gegenwart nur kläffende Feiglinge sind und Gewehre, da muss er die Kugeln, die schon in seinem Körper steckten, gespürt haben, einem nur eine Wahl lassen: Entweder er oder ich. Hätte Wladimir Markow das Gewehr in seiner Hütte gelassen und den Hund im Warmen, wäre, zu dem Schluss gelangt Trusch, nicht sehr viel passiert.

Wie wenig Spielraum einem bleibt, wenn man noch glaubt, dem Tiger auf der Fährte zu sein, während der bereits den Jäger aufspürt, das durfte Trusch am Ende seines Stoßtruppunternehmens erfahren. Das Tier hatte mittlerweile nicht nur weitere Menschen gerissen. Es hatte darüber hinaus auch noch einige mehr von den Zügen der Wilderer angenommen, die ihm nachstellten. Es zerstörte systematisch Hütten, plünderte Vorräte, richtete seine Rachsucht auf Gegenstände, die sich bis dahin kein Tiger auch nur angeschaut hatte. Es war zu einem Bewohner von Sobolnje geworden. Zu dem, den man dort am wenigsten brauchte.

Truschs Auftrag bestand darin, die Tiger zu schützen. Für diesen Tiger konnte das nicht mehr gelten. Er hatte sich auf Augenhöhe mit den Menschen begeben. Das nahm ihm nichts von seiner physischen Stärke. Es schwächte ihn aber, weil er sich aus seiner natürlichen Umgebung gelöst hatte. Man konnte ihm nicht mehr, wie es die Vernünftigen taten, aus dem Weg gehen. Alles lief deshalb auf den klassischen Showdown hinaus.

Das erste Brüllen des Tigers vor der Konfrontation, bezeugen alle, die es einmal gehört haben, gleiche keinem Klang. Es handle sich um eine alles durchdringende, selbst die Seele zerfetzende Erfahrung. Trusch steht auf einer Lichtung. Das Brüllen ertönt. Der Tiger, eben noch unsichtbar, fliegt aus zehn Metern Entfernung auf ihn zu. Drei Sekunden, gerade noch genug Zeit für Trusch, um sein Gewehr in Anschlag zu bringen und zu feuern. Trusch schießt und schaut auf die ihm geltende Pranke. Er weiß, dass seine Schüsse nicht das Geringste bewirken.

Glücklicherweise sind sie drei an diesem Tag. Zwei weitere Jäger, Juri Pjonka und Wladimir Schibnew, legen ein Sperrfeuer. Es gilt dem Tiger, aber der verschmilzt schon ununterscheidbar mit Juri Trusch. Keine

Zeit für Gedanken, es zählt nur die Intuition. Der Tiger versucht, Trusch das Gewehr zu entreißen. Mit irgendeiner Reflexbewegung schiebt der es, bis zum Kolben, in den Rachen des Tiers. Dort bleibt es stecken, zersplittert, verbogen, von Bissspuren übersät. Sie alle hatten Trusch gegolten. Der liegt jetzt unter dem Tiger, wie ein geschlagener Ringer. Dann hört das Brüllen auf. Es ist vorbei.

NACHWORT

VON KATZEN UND MENSCHEN

>*Der Mensch kann auf dem Mond erwachen,*
aber keine Katze machen.«
Reiner Kunze

In einem englischen Märchen tragen neun Katzen einen winzigen Sarg über ein Feld. Auf dem Sarg liegt ein purpurnes Tuch, das Tuch ziert eine goldene Krone. Das Feld ist ein Gräberfeld, das Ziel der Katzen ein Grab. Der Totengräber ist dort schon am Werk. Ein Mr. Fordyce ist gerade verschieden. Dem Totengräber macht seine Arbeit zu schaffen. Er stellt die Schaufel zur Seite und fällt für Sekunden in einen traumlosen Schlaf. Dann dringt das Miauen von Katzen an sein Ohr. In einer Prozession, mit dem Sarg in ihrer Mitte, kommen sie näher. Alle haben einen weißen Brustfleck. Ihre Augen leuchten grün, auf eine übernatürliche Weise.

Im Haus des Totengräbers warten derweil seine Frau und der Kater auf ihn. Ein Hauskater, schwarz mit einem weißen Brustfleck. Zusammengerollt liegt er vor dem Kamin, mit geschlossenen Augen. Als der Totengräber in die Stube tritt, schaut er auf. Ein leises »Miau«, das ist alles.

Der Mann beginnt zu erzählen: »Stell dir nur vor«, sagt er zu seiner Frau, »neun Katzen auf dem Weg zu mir, mit einem weißen Brustfleck, gerade so wie der von unserem Tom.«

»Miau«, kommentiert Tom die Beschreibung des Geschehens.

»Genau so ein Laut wie der von unserem Tom«, fährt der Totengräber fort. »Immer drei Schritte nach vorn sind sie gegangen, mit dem Sarg auf ihren Schultern, und dann dieses ›Miau‹.«

»Miau«, mischt Tom sich ein.

»Als wüsste er, worum es geht«, argwöhnt der Totengräber.

»Aber unser Tom«, verteidigt seine Frau den Hauskater, »hat die ganze Zeit hier vor dem Feuer gelegen. Er hat das Haus nicht verlassen.«

»Miau«, bestätigt sie Tom.

»Egal«, sagt der Totengräber und fixiert den Kater, der sich am Kaminfeuer wärmt. »Als sie den Rand des Grabs von Mr. Fordyce erreicht hatten, trat der neunte, ihr Anführer, nach vorn und stellte mir eine Aufgabe.«

Tom, immer noch am Kamin liegend, spitzt jetzt seine Ohren.

»Wie kann denn ein Kater einem Menschen eine Aufgabe stellen?«, gibt die Frau des Totengräbers zu bedenken.

»Egal«, hält der Totengräber dagegen. »Sag Tom Tildrum«, hat er mir aufgetragen, »dass Tim Toldrum gestorben ist. Jetzt frage ich dich, ob du vielleicht weißt, wer Tom Tildrum sein könnte, denn wie soll ich Tom Tildrum erzählen, dass Tim Toldrum gestorben ist, wenn ich Tom Tildrum nicht kenne?«

»Wie«, springt der Hauskater in dem Augenblick auf und zeigt seine grün leuchtenden Augen: »Tim Toldrum ist tot? Dann bin hinfort *ich* der König der Katzen!«

Sein Fell sträubt sich, seine Blicke scheinen Funken zu sprühen, er fährt in den Schornstein hinauf und verschwindet auf Nimmerwiedersehen.

Katzen, darum geht es in diesem Märchen, sind Wesen, die ihr wahres Sein so geschickt zu verbergen wissen, dass man sie nur als das wahrnimmt, was sie gerade darstellen. Ein Kater, der die Wärme eines Kamins auf sich zieht, ist nur ein Kater vor einem Kamin. Schneit allerdings einer herein und erzählt etwas, das ihn angehen könnte, liegen die Dinge von einer Minute auf die andere vollkommen anders. Dann ist der Kater ganz Ohr.

Tim Toldrum gestorben? Kein Mensch kann wissen, wer der war und wie das zugehen konnte. Nach Tom Tildrum wird seinetwegen gesucht? Das könnte mich interessieren, weil doch ich derjenige bin. Man sollte allerdings erst einmal sorgfältig zuhören. Die Menschen haben uns ja, wo es um unsere Namen geht, nie richtig verstanden.

T.S. Eliot hat in *Old Possums Katzenbuch*, einem Band voller Gedich-

te, die, wegen all der Spiegelungen und Vexierbilder in ihnen, den Katzen, die er auftreten lässt, gar nicht so unähnlich sind, den Reigen auf diese Weise eröffnet: »Wie heißen die Katzen? Gehört zu den kniffligsten Fragen / Und nicht in die Rätselecke für jumperstrickende Damen.«

In dem einen Namen, mit dem man sie meistens ruft, erläutert er dann, steckt kein großes Geheimnis: MAX oder PETER oder MURR oder PLATO, wenn es hoch kommt. TOM gehört nicht in diese Kategorie. Zwar tragen im englischen Sprachraum so gut wie alle Kater diesen Namen. TOM, oder TOMCAT, ist dort zu einem Synonym für Kater geworden.

TOM, als Kurzform von THOMAS, steht aber auch für das manchmal recht verwickelte Nebeneinander von Menschen und Katzen. Thomas, den Apostel, der an der Auferstehung des Herrn so lange zweifelte, bis der ihn ermahnen musste, sich wenigstens gläubig zu geben, zeichnete ein Charakterzug aus, der auch den Katzen eigen ist: Sie glauben nur, was sich bestätigen lässt. Der Fressnapf, damit muss es seine Richtigkeit haben. Die Beute, darauf können sie warten, endlos, bis sie sich zeigt. Das Revier bedarf der Grenzen, die sie ziehen und zu verteidigen wissen.

Katzen sind Pragmatiker, Empiriker sogar, selbst als Spielernaturen. Sie haben es nicht so mit dem Spirituellen. Eher mit Gravitation, Geometrie, Mathematik. Wenn sie doch einmal, wie Tom Tildrum, zum Himmel auffahren, dann durch den Schornstein auf Nimmerwiedersehen. König der Katzen zu werden ist keine Erlöseraufgabe. Sowas führt bloß ans Kreuz.

Die vielleicht berühmteste aller Katzen, die CHESIRE CAT aus *Alice in Wonderland* von Lewis Carroll, verstand sich darauf, zu verschwinden, wie Tom Tildrum. Nicht so spurlos wie der allerdings. Sie löste sich, auf einem Ast sitzend, von  der Schwanzspitze her auf, bis nur etwas von ihrem Gesichtsausdruck übrigblieb: ein Grinsen, so endlos gutmütig wie mit Zähnen bewehrt.

Forscher vermuten, dass das Grinsen der von Lewis Carroll erfundenen Katze von einem Wirtshausschild stammt. Oder von einer der Käseverpackungen, die man mit einem Bild dieser Katze bewarb. So etwas ist in England jederzeit denkbar. Ganz gerecht wird ihr das nicht, weil es auch danach schwierig bleibt, für das Auftreten wie für den Abgang von Katzen eine Erklärung zu finden: »>Na! Ich habe schon oft eine Katze ohne Grinsen gesehen<, dachte Alice, >aber ein Grinsen ohne Katze! Das ist das Merkwürdigste, was ich in meinem Leben zu sehen bekommen habe!<«

Führt, bei den ersten Namen der Katzen, noch die menschliche Vernunft die Feder, wird es bei ihrem zweiten manchmal schon ein bisschen arg. Da kommen dann Wortspielkonstruktionen über sie, die sie sich eigentlich verbieten müssten, wären sie nicht auf dem Gebiet so unaufgeregt wie auf allen anderen auch. Man kann ja, was einem nicht schmeckt, ignorieren. Sie lassen sogar liegen, was ihnen nur zu ihrem Missfallen in die Futterecke gestellt wird. Sollen sie mich doch – die Namen hat T.S. Eliot in seinem Repertoire – als KRALLINE, TATZITUS, KRATZELEISE oder SCHNURROASTER ansprechen. Dass Menschen so ihre Katzen anreden, muss nicht bedeuten, dass die auch noch darauf hören.

Dann wäre da noch, und damit fängt das Geheimnis erst richtig an, ihr dritter Name. Der, von dem Eliot behauptet, dass nur die Katzen ihn kennen und ihn nie preisgeben werden. Man könnte einer Katze RUMPELSTILZCHEN als ihren zweiten Namen verpassen oder sie vielleicht sogar damit rufen. Es wird aber nie so weit kommen, dass sie freudig ums Feuer tanzt und offen legt, dass sie tatsächlich so heißt. Das wäre wirklich ein Märchen.

Den dritten Namen der Katzen können wir Menschen nicht finden. Wir können nur in seine Nähe geraten und müssen uns damit begnügen. Nach T.S. Eliot geht das so:

Sooft sie versunken, versonnen und
Verträumt vor sich hinstarrt, ihr Herren und Damen,
Hat's immer und immer den gleichen Grund:
Dann denkt sie und denkt an diesen Namen –
Den unaussprechlichen, unausgesprochenen,
Den ausgesprochen unaussprechlichen,
Geheimnisvoll dritten Namen.

Man findet dieses Vexierbild wieder im *Märchen von Tom Tildrum*, der zwar TOM gerufen wird. Es würde ihm aber nicht im Traum einfallen, zuzugeben, dass der Totengräber und seine Frau damit so nahe an ihn herangekommen sind, wie das gerade noch geht. In den Schornstein fährt er nicht als Bürgerkater mit einem Namen aus dem Melderegister, sondern als der König der Katzen. Ihr müsst mich nicht mehr rufen, lautet die Botschaft, mit der er seinen Kaminplatz aufgibt. Ihr kriegt mich nicht, das ist alles. Auch nicht als König.

Die bewundernswerte, man könnte manchmal auch denken: impertinente Unabhängigkeit der Katzen lässt sie ein ums andere Mal zu Phantasiewesen werden. Ein Abdruck auf unserer Netzhaut, der uns glauben macht, wir wüssten, wofür sie da sind und was sie uns geben. Manchmal reicht es selbst dafür nicht. Dann fällt nur ein Schatten aus der Geschichte der Menschen vor unserer Zeit auf uns herüber. Einer, der wie der Schatten einer Katze aussieht.

Richard Whittington, aus Gloucester, soll ein Waisenknabe gewesen sein, den es im 14. Jahrhundert ins schon damals schwer überschaubare London verschlug. Er brachte es, als reicher Kaufmann und Menschenfreund hoch angesehen, 1397 zum Bürgermeister von London und blieb bis 1420 in diesem Amt.

Es wäre trotzdem nicht mehr von ihm die Rede, hätte nicht zu einem entscheidenden Zeitpunkt eine Katze seinem Dasein eine andere Richtung gegeben. Zwar lebte er da schon nicht mehr, aber die Katze kam über ihn, und er konnte sich ihrer nicht mehr erwehren. Ihrem Auftritt verdanken wir ein in England noch heute verbreitetes geflügeltes Wort: WHITTINGTON'S CAT.

WHITTINGTON'S CAT muss man sich als eine ihrem Eigner und Garanten ihrer Existenz quasi posthum zugelaufene Glückskatze vorstellen. Er hat, nach allem, was man tatsächlich über ihn weiß, nie eine Katze besessen. Aber es gibt Bilder, die ihn mit ihr zeigen. In ganz England wurden Moritaten aufgeführt, in denen der Erfolg des

Lord Mayors als Kaufmann der Gewissenhaftigkeit und den Eingebungen seiner Katze zu verdanken war. Samuel Pepys begegnete den beiden 1668 in einem Puppentheater und hielt dieses Zusammentreffen in seinem Tagebuch fest. Der Karikaturist George Cruikshank räumte 1820 mit einer Bildergeschichte alle noch denkbaren Zweifel aus. Über einer Tür am Newgate Prison thront die Katze als Halbrelief. Vor dem Whittington Hospital in Islington bezeugt eine Statue, dass es sie gab.

Die Ereignisse, die dem vorausgegangen sein sollen, sind angeblich so abgelaufen. Whittington, das Waisenkind, dem man ein London mit Straßen aus Gold ausgemalt hatte, putzte Schuhe und kaufte vom Erlös eine Katze. Ein reicher Kaufmann, Mr. Fitzwarren, hatte zuvor Erbarmen mit ihm gezeigt und ihn in sein Haus aufgenommen. In jedem Winkel dort hausten Ratten. Die Katze erwies sich als überaus nützlich.

Eines Tages rief Mr. Fitzwarren seine Angestellten zusammen. Er werde ein Schiff an ferne Küsten aussenden. Jeder solle für das Unternehmen geben, was er entbehren könne. Mit Gold und Reichtümern dürfe man rechnen. Whittington gab seine Katze. Eines Tages hörte er die Glocken von St. Mary-le-Bow. Das Schiff war zurück. Die Katze hatte sich als Mäusejäger im Palast des ihretwegen überaus spendablen Königs der Barbaren bewährt. Whittington kaufte sich vom Erlös bei Fitzwarren ein, ehelichte dessen Tochter und gelangte als gemachter Mann ins Amt des Bürgermeisters.

Eine Katze als Talisman, nachgereicht wie eines der Kettchen, mit denen man eine Dankesschuld abträgt. Katzen als Maskottchen. Kriegsschiffen brachten sie Glück. Beweisen ließ sich das nie. Havarien sind ein Unglückszustand, der schon eingetreten ist. Glücksbringer stehen für die Hoffnungen, mit denen wir uns durchs Leben schlagen. Manchmal kommt ein Schiff wieder. Dann hat das natürlich an hilfreichen Wesen gelegen.

Oscar, der Schiffskater, der den Untergang des deutschen Schlachtschiffs BISMARCK, des britischen Zerstörers COSSACK und des Flugzeugträgers ARK ROYAL überlebte, steht auch nicht für eine Biografie, die sich beweiskräftig nachzeichnen ließe. Auch von ihm gibt es ein Bild.

Es hängt im NATIONAL MARITIME MUSEUM in Greenwich, geschaffen von der Marinemalerin Georgina Shaw-Baker. Dazu ein Lied aus Kriegszeiten, gesungen von Vera Lynn, in dem sich andeutet, wofür wir Katzen wie Oscar oder die von Whittington und einige mehr tatsächlich brauchen: *We'll meet again, don't know where, don't know when…*

Nicht alle Katzen leben so weit von uns entfernt. Es gibt ja auch die, denen es eine Freude bereitet, um unsere Beine zu streichen, wissend, dass diese Freude dann auch ganz unsere ist. Auch sie erweisen sich als Spiegelwesen, mit viel Gespür dafür, was Körperkontakte bewirken. Katzenliebe und Kalkül liegen nicht weit voneinander, aber das gilt auch für die meisten Liebesbeziehungen unter Menschen. Mit Tieren, und vor allem mit Katzen geht nur alles viel leichter, weil sie über eine Souveränität verfügen, die Regeln setzt, die wir nicht kennen.

Was einen Geschlechterkrieg unter Ehepartnern so unsäglich macht, endet beim Disput mit einer Katze schlimmstenfalls in einem Fauchen. Wahrscheinlicher ist, dass sie einfach geht. Dieses Revier ist groß genug für uns beide, es sei denn, die Sache wiederholt sich zu oft. Dann tut sie ein paar Schritte mehr, und man kriegt sie nur wieder, wenn ihr vom Tierarzt unseres Vertrauens ein Chip verpasst wurde. Viel Freude wird man auch danach nicht mehr an ihr haben.

Hunde, nimmt man sie in Haushaltungen auf, leben mit den ihnen zugedachten Accessoires. Körbchen, Deckchen, Pantöffelchen, stets zu Diensten deswegen. Selbst die Leine samt Steuermarke kann ungestüme Reaktionen auslösen. Es geht jetzt nach draußen, ich bin dabei. Dabei ist die Leine nur die Verlängerung des Drinnen. Wird sie gelöst, und das Stöckchen fliegt, wird das vom Hund als Gratifikation aufgefasst.

Nichts gegen Hunde. Sie leisten auf ihre Weise Großes und haben darüber eine Bindung an uns Menschen entwickelt, die beispiellos sein dürfte. Ihre Anverwandlung an uns ist eine, die sich tief in ihre Physiognomie eingraben kann. Die Wettbewerbe, in denen Herr und Hund, was den Faltenwurf in ihren Gesichtszügen angeht, um die Wette grimassieren und dafür am Ende Pokale abschleppen, sind Legende.

Katzen muss man mit solchen Ideen nicht kommen. Sie tragen ausschließlich ihr Gesicht und stellen dieses nach ihren eigenen Reaktionsmustern zur Schau. Kein Gedanke, dass sie ein menschliches Antlitz aufsetzen könnten, um damit durch die Welt zu spazieren. Ob sie Trauer zeigen, Wut, Gelassenheit, Einschüchterung oder waches Interesse, liegt ausschließlich bei ihnen. Sie sind keine Nachahmer. Ihr Äußeres gleicht dem anderer Katzen manchmal so sehr, dass man sich mit der falschen einlässt. Was darüber hinausgeht, ist bloße Interpretation. Nur Comics und Karikaturen verleihen Katzen menschliche Züge.

Tom Tildrum vor seinem Kamin: Katze und Haus, auch das ist eine Beziehung, die nach vollkommenen eigenen Regeln abläuft. Man müsste ihre Schädeldecke öffnen, um zu ergründen, wie es sich verhält mit der Widerspiegelung des Raums in ihren und in unseren Köpfen. Wir, die Menschen, neigen sehr zu einer Überschätzung der materiell definierten Grenzen, die wir uns setzen. Wahrscheinlich liegt es auch daran, dass wir Tiere so hingebungsvoll in Käfige sperren. Ihr Freiheitsverlangen stimmt mit unseren Abschottungs- wie Geborgenheitsbedürfnissen nicht überein.

Die Katzen haben, seit sie an unsere Seite getreten sind, die klügste aller denkbaren Lösungen gefunden. Sie nehmen das Haus, in dem sie leben, ganz für das ihre, mit einer gewichtigen Differenz. Weil sie anders sehen als wir, andere Farben wahrnehmen, sich an anderen Perspektiven orientieren, der Bewegung mehr Aufmerksamkeit schenken als dem festen Gefüge ihrer Umgebung und dabei doch ein Bezugssystem finden, das sie handlungsfähig macht, befinden sie sich in einem ihr inneres Empfinden nach außen stülpenden Refugium.

Was dem Hund seine Hütte, dieser jeden Spielraum einschränkende Bretterverschlag, das ist der Katze der Himmel ihres Andersseins in nur uns vertrauter Umgebung. Er schützt sie nicht gegen Nässe und Wind, aber er bewahrt sie davor, die von Menschen geschaffenen Bauten und Einrichtungen für eine ihr in jeder Hinsicht natürlich und eigen gewordene Lebensumwelt zu halten. Eigen schon, aber nur wie der Ast, auf dem die Grinsekatz sitzt.

Natur ist zuallererst ihr Inneres. Was sie davon nach außen trägt und wie sie sich durch die äußere Welt bewegt, entscheidet sich aus der Situation. Da kann es regnen so viel es will, man muss nicht ängstlich darauf schauen. Ein paar Sprünge, die wir nicht einmal beherzt nennen sollten, und schon ist die Örtlichkeit nicht mehr die, die sie eben noch war.

Autonomie, das wäre das eine, in einem Umfang, der, wie man immer wieder beobachten kann, weniger freiheitsliebende Menschen verstört. Andererseits sind Katzen keineswegs die edlen Wilden, für die viel zu viele Katzenliebhaber sie halten. Possierlichkeit für authentisch zu halten, ist eine der furchtbarsten menschlichen Schwächen. Nur im *Dschungelbuch* von Disney wird viel gelacht, auf glücklicherweise passablem Niveau. Rudyard Kipling hätte sich trotzdem die Haare gerauft.

Zur Souveränität wurde schon gesagt, was gesagt werden musste. Sie ist persönlicher Natur, aus nichts als sich selbst heraus legitimiert. Sogar Löwen, die im Rudel jagen und auch anderweitig einen gewissen Gemeinschaftsgeist ausbilden, meiden jede zu große Nähe. Im Zirkus nehmen sie zur Not mit dem Dompteur, im Zoo mit dem Wärter vorlieb. Jeder der Schritte allerdings, die diese im Umgang mit ihnen setzen, bedarf des Netzes und doppelter Böden.

Die Menschenfresser vom Tsavo River in Britisch Ostafrika, denen man in diesem Buch begegnet, sind nicht irgendwelche Irrläufer der Evolution gewesen. Ihr Handeln entsprach der Machtvollkommenheit, die zur Option werden kann, wenn in einem Beziehungsdrama die Schwächen der einen Seite zu offensichtlich werden. Das gilt auch für das nicht immer leicht zu begreifende Verhalten der am Amur lebenden Sibirischen Tiger.

Ja wo laufen sie denn?, ist ein Satz, den man häufig auf Rennbahnen hört. Wollte man ihn auf Katzen im Allgemeinen übertragen, oder auch nur auf die Suche nach der eigenen, die sich davongemacht hat, wäre man schon auf der falschen Spur. Katzen mögen alles Mögliche sein. Sportiv, im Sinne von Wettbewerbsfähigkeit, sind sie nicht.

Ob dick oder dünn, pechschwarz oder albinoweiß oder alles dazwischen, was man sich vorstellen kann, auf das Spiel kommt es an, nicht auf die Trophäen. Auch deswegen sehen die Schränke und Wohnungen von Großwildjägern so lächerlich aus. Die Verschwitztheit der Anstrengung steckt bei ihnen in wirklich jeder Ritze.

Dem gertenschlanken Kater Kessi und dem bleischweren Sysiphos, mit denen ich mich hier auch beschäftigt habe, ist außer der Zeichnung ihres Fells noch eines gemein. Sie nahmen ihr Schicksal so leicht, wie es ging. Matthew Flinders Schiffskater Trim blieb sowieso nichts anderes übrig.

Ti-Puss, die Katze der durch Indien reisenden Schweizerin Ella Maillart, gibt das vielleicht größte Rätsel auf von all diesen Geschichten. Dass Dewey, der Bibliothekskater von Spencer, Iowa, zu einem Hoffnungszeichen für seine Region und die halben Vereinigten Staaten von Amerika werden konnte, sagt dafür wieder einiges aus über die Projektionen, die wir auf Tiere richten.

Manche von solchen Missverständnissen können tragisch ausgehen. Uwe Ludwig Horn, besser bekannt als Roy aus dem mit weißen Königstigern und weißen Löwen auftretenden Zauberkünstlerduo SIEGFRIED & ROY, wurde am 3. Oktober 2003, seinem 59. Geburtstag, bei einer Vorstellung in Las Vegas von dem unter seine Obhut gestellten Tiger Montecore auf offener Bühne angegriffen und schwer verletzt.

Horn vertritt bis heute allerdings eine andere Auffassung. Er habe, so sieht er es, damals einen leichten Schlaganfall erlitten. Montecore habe das gespürt und versucht, ihn auf Katzenart mit einem Biss in den Nacken von der Bühne zu ziehen. Eine vom Gefühl her durch und durch menschliche Reaktion, in einem, was die Tierart angeht, besonders unwahrscheinlichen Fall.

Nicht den Katzen, den Menschen sei es geklagt, dass das immer wieder passiert. Weil wir uns innerlich wie äußerlich so weit von unserer ursprünglichen Natur entfernt haben (sofern die denn je ursprünglich gewesen sein sollte), kriegen wir andauernd und zu keinem guten Ende eine romantisch grundierte Sehnsucht nach ihr. Das zieht, in den verrücktesten Fällen, meist irgendwelche Wachträume von einem Leben am Busen der Natur nach sich, für die einen selbst die eigene Katze strafend anschauen würde.

Gut, dass es die Katzen gibt, die auf ihre bescheiden entschiedene Art ein Exempel dafür bieten, dass man seine Natur auch auf eine sehr viel einfallsreichere Weise entwickeln, festigen, dynamisieren und anpassen kann. »Die Katze«, so sah es der Schriftsteller Eugen Skasa-Weiß, »hat sich vorgenommen, dem Menschen ein Rätsel zu bleiben.« Dafür sollten wir ihr, ganz menschlich bewegt, danken.

Literatur

Arsenjew, Wladimir K., *Dersu Usala, der Taigajäger*. Sachsenverlag: Dresden 1953

Bluhm, Detlef, *Das große Katzenlexikon. Geschichte, Verhalten und Kultur von A-Z*. Schöffling & Co.: Frankfurt a. M. 2007
ders., *Die Katze, die nach den Sternen schaute. Überraschende Mitteilungen für unverbesserliche Katzenfreunde*. Ehrenwirt: Bergisch Gladbach 2008
ders., *Katzenspuren. Vom Weg der Katze durch die Welt*. Bastei Lübbe Verlag: Bergisch Gladbach 2004

Capote, Truman, *Frühstück bei Tiffany*. Kein & Aber: Zürich 2008
Courtenay, Bryce, *Matthew Flinders' Cat*. McArthur & Company: Toronto 2003
Cristof, Mariá Sonia, *Unbehaust. Was Menschen mit Tieren machen*. Berenberg Verlag: Berlin 2012

Eggebrecht, Axel, *Katzen*. Herbert Stuffer Verlag: Berlin 1928
Eliot, T. S., *Old Possums Katzenbuch*. Suhrkamp Verlag: Berlin/Frankfurt/M. o.J.

Flinders, Matthew, *Trim*. Angus & Robertson: Sydney 1997
Fuld, Werner, *Von Katzen und anderen Menschen*. Schöffling & Co.: Frankfurt/M. 1999

Hondrich, Karl Otto, *Charly, Tiger und ich*. In: MERKUR, 64. Jahrgang, Heft 2. Febr. 2010

Jameson, William, *Ark Royal. The Life of an Aircraft Carrier at War 1939-1941*. Periscope Publishing Ltd.: Penzance 2004

Kalka, Joachim, *Die Katze, der Regen, und das Totenreich. Ehrfurchtsnotizen*. Berenberg Verlag: Berlin 2012
Kipling, Rudyard, *Das Dschungelbuch*. Paul List Verlag: München 1965
ders., *Kleine Geschichten aus den Bergen*. a.a.O.

Maillart, Ella, *Ti-Puss. Mit einer Katze in Indien*. Edition Ebersbach: Dortmund 1998
Morris, Desmond, *Catwatching. Die Körpersprache der Katze*. Wilhelm Heyne Verlag: München 1995
Myron, Vicki/Witter, Bret, *Dewey und ich. Die wahre Geschichte des berühmtesten Katers der Welt*. Wilhelm Goldmann Verlag: München 2008

Newman, Lesléa, *Hachiko Waits*. Henry Holt and Company: New York 2004

Oeser, Erhard, *Katze und Mensch. Die Geschichte einer Beziehung.* Wissenschaftliche Buchgesellschaft: Darmstadt 2005

Patterson, John Henry, *The Man-Eaters of Tsavo and other East African Adventures.* Mc-Millan and Co.: London 1907
Piekalkiewicz, Janusz, *Seekrieg 1939-1945.* Südwest Verlag: München 1980

Riechelmann, Cord, *Bestiarium. Der Zoo als Welt – die Welt als Zoo.* Eichborn Verlag: Frankfurt a. M. 2003
Roth, Daniela (Hg.), *Katzen.* Edition Sanssouci: München 2010

Sheldrake, Rupert, *Der siebte Sinn der Tiere. Warum Ihre Katze weiß, wann Sie nach Hause kommen, und andere bisher unerklärte Fähigkeiten der Tiere.* Scherz Verlag: Bern/München/Wien 1999
Vaillant, John, *Der Tiger. Auf den Spuren eines Menschenjägers.* Karl Blessing Verlag: München 2010

Abbildungen

S. 7: Imperial War Museum, London; S. 11: Australien War Museum; S. 17: National Maritime Museum, Greenwich; S. 27: Gerald Sammet; S. 29: Wikimedia Commons (Miskakitteh); S. 41: Jürgen Krönig; S. 53: Wikimedia Commons; S. 65: Interfoto; S. 75: Edition Ebersbach; S. 87: Tim Hynds: Vicki Myron mit Dewey; S. 99: Wikimedia Commons (Trisha M. Shears); S. 115: Wikimedia Commons; S. 117: Wikimedia Commons.

Gerald Sammet, 1949 in Rehau geboren, arbeitet seit 1974 als Journalist, u.a. für den SPIEGEL, die SÜDDEUTSCHE ZEITUNG, FAZ, NEUE ZÜRCHER ZEITUNG. Er ist Redakteur bei Radio Bremen (Nordwestradio). Veröffentlichungen: *Schiefe Ebene. Ein Almanach für Eisenbahner, Homo Ludens* mit Friedrich Meckseper, *Der vermessene Planet* und bei : TRANSIT *Industrie & Glück. Erloschene Feuer* (2012)